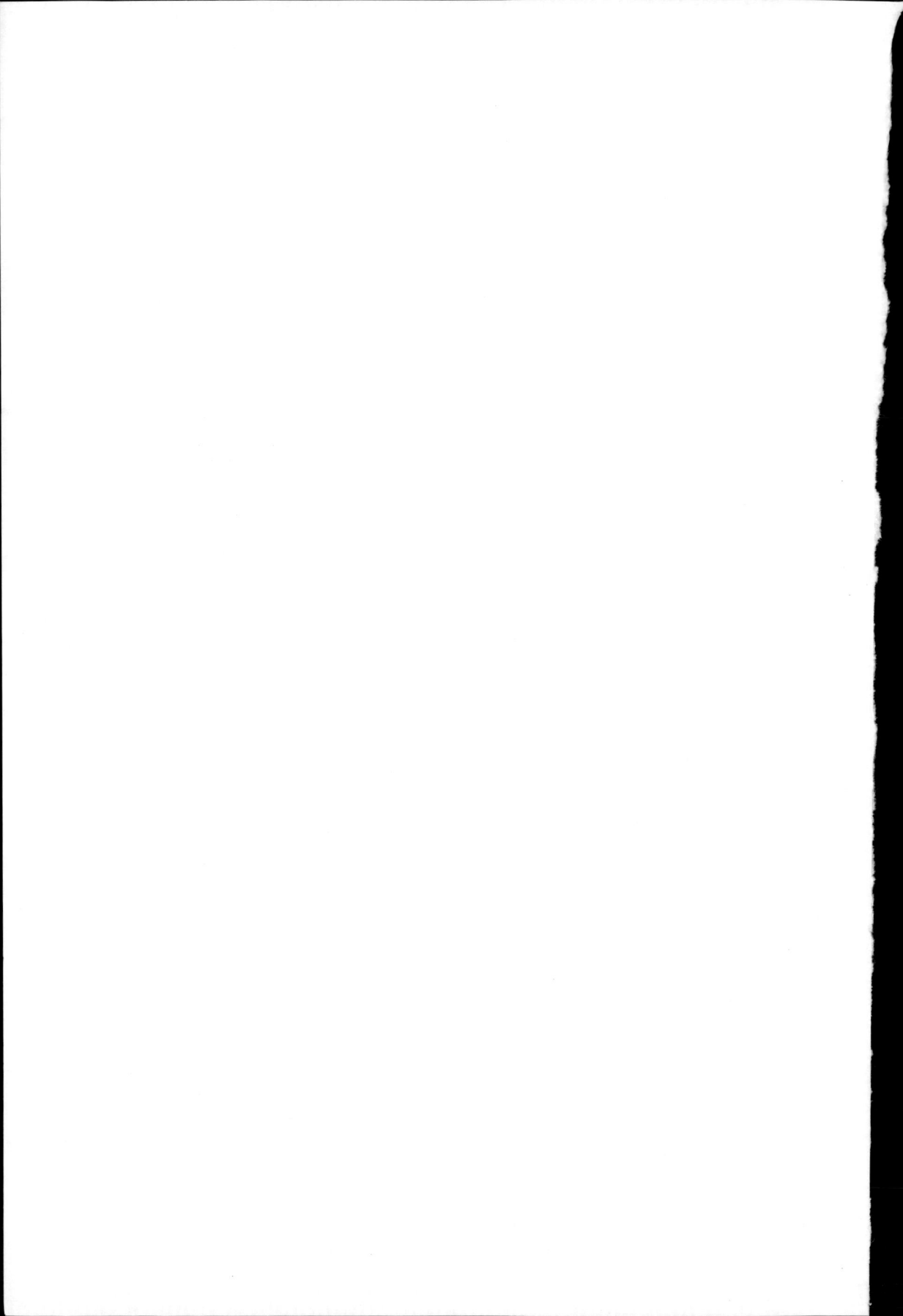

印度洋地区研究 （2012/3）

RESEARCH ON THE INDIAN OCEAN REGION

主　　编：汪　戎　万广华
执行主编：朱翠萍

社会科学文献出版社
SOCIAL SCIENCES ACADEMIC PRESS (CHINA)

印度洋地区研究 （2012/3）

主办单位：云南财经大学
　　　　　《印度洋地区研究》编辑部

主　　　编：汪　戎　万广华
执 行 主 编：朱翠萍
编　　　委：任　佳　熊清华　童志云　孔　灿
　　　　　　周　红　杨先明　陈利君　朱　立
编辑部主任：朱翠萍
编辑部成员：刘　鹏　胡文远
英 文 翻 译：刘　鹏
责 任 校 对：胡文远

地　　　址：云南省昆明市龙泉路 237 号
　　　　　　云南财经大学博远楼 607 室
邮　　　编：650221
电　　　话：0871 – 5143269
　　　　　　0871 – 5148371
　　　　　　0871 – 5149631
传　　　真：0871 – 5148371
网　　　址：http://www.cnriio.com
邮　　　箱：riio@ynufe.edu.cn
　　　　　　zhucuip@sina.com

印度洋地区研究

RESEARCH ON THE
INDIAN OCEAN REGION

2012 / 3

目录
CONTENTS

印度洋纵横

印度研究

会议综述

CONTENTS

Focus on Indian Ocean

Study on India

Symposium Summarization

印度洋纵横

美国"重返亚洲"与印度的"东向"

吕昭义*◎

【内容提要】 美国"重返亚洲"的主要意图是重振美国在亚太的军事控制力,建立美国主导的亚太安全秩序。由于该地区复杂的经济、政治、安全状况及美国自身国力限制,在该地区形成了错综复杂的网状结构。而印度"东向"进入亚太,特别是印美关系的新发展,加深了亚太局势网络化格局。

【关键词】 美国 重返亚洲 印度 东向政策

奥巴马竞选获胜执掌白宫后,对美国对外战略作出了自冷战结束以来最大规模的调整,提出"重返亚洲"。仅数年间,美国推行"重返亚洲"战略,外交、军事、经济多管齐下,密锣紧鼓,环环相扣,层出不穷。印度20世纪90年代开始推行"东向"政策,2003年以后"东向"政策的推进进入第二阶段,除经济东向之外,加强了军事,尤其海上军事力量向太平洋的推进。一者"重返",一者"东进",两者共同指向西太平洋,它们之间的关系如何?为亚太局势带来何种影响?本文拟对此略陈管见。

---

* 吕昭义,云南大学人文学院历史系教授。

一 美国"重返亚洲"战略的提出与实施

关于奥巴马此番调整对外战略而提出的新战略，美国方面，包括总统奥巴马、国务卿希拉里、国防部长帕内塔，有不同的提法，一说是重返"亚洲"，一说是重返"亚太"。这两种提法都不准确。从目前美国实施该战略的实际情况来看，美国重返的既不是整个亚洲，也不是整个亚太地区，而是特定的区域，准确地说就是东亚、东南亚和与所属陆地、岛屿相连的太平洋水域。明确美国战略实施的特定区域，有利于揭示其战略指向及目的。本文中"重返亚洲"这个提法（其实，用"重返亚太"也是一样的）是在上述指明其特定地域的前提下使用。

（一）美国提出"重返亚洲"战略的背景

1. 尼克松对美国的战略调整及从亚洲的收缩

要谈奥巴马之"重返亚洲"，须先谈尼克松战略从亚洲的收缩。

1968 年尼克松竞选获胜，1969 年在关岛提出尼克松主义（主要内容为伙伴关系、实力基础、和平谈判），在战略上以"一个半战争"设想代替原来的"两个半战争"设想。此前，美国的全球战略是准备在欧洲打一场主要针对苏联及华约集团的大战，同时在亚洲打一场主要针对中国的大战，在东北亚或中东打一场小战。20 世纪 60 年代中后期，美国遭受"二战"结束以来最严重的经济危机，在军事上深陷越南战争，国内反战运动高涨，内外交困，捉襟见肘。尼克松调整美国全球战略，放弃在亚洲打大战的设想，从亚洲收缩，将主力集中到欧洲，作与苏联打大战的准备，在东北亚或中东打一场小战。这就是他的"一个半战争"的构想。此后，美国在亚洲通过谈判退出越南战场，抛弃南越旧盟友，从东南亚的一些军事基地撤出；打破中美关系僵局，与中国谈判建交，利用中苏的对抗关系和中国对苏联的牵制，成功地防止了苏联在美国撤出后填补"真空"。在欧洲，美国采取以压促变的策略，加强与苏联的战略对抗，迫使苏联与美国展开长期的军备竞赛，用扩张军备的负担压垮苏联及东欧国家的经济。卡特推行人权外交，在思想领域内搞乱与动摇苏联和东欧社会主义国家。最根本的是，与美国的军事对抗使苏联丧失了重新回到赫鲁晓夫的改革路线上来发展国内经济、改善民生的历史机遇，最终导致了苏联和东欧发生根本性变化。美国的战略调整使它成为冷战的最大赢家。

2. 美国的反恐战争与中国的崛起

冷战格局解体后，美国成为世界上唯一的超级大国。在经过将近10年的冷战格局解体的余震后，世界格局多极化趋向逐渐明朗。如何应对多极化趋向，如何确保美国的霸主地位，美国开始酝酿调整其对外战略。

2001年发生了两件具有重大影响的事件，一是美国受"9·11"恐怖袭击，一是中国加入国际贸易组织。

美国在"9·11"后经历了10年的反恐战争，耗费了巨大的物力和人力，收效甚微，对于美国的全球战略而言得不偿失。

而在这10年间，中国加入国际贸易组织后，国力快速增强，成为仅次于美国的第二大经济体，对世界的影响力，尤其是对中国周边国家的影响力迅速扩大。亚洲国家，包括原来人们称道的亚洲"四小龙"、"四小虎"在亚洲金融风暴后均黯然失色，都强烈地感受到了来自中国的强大的辐射力。中国具备了在亚洲居主导地位的实力。

这两个事件及其后果对美国的战略调整产生不同的作用。前者延误了美国的战略调整，而后者则凸显美国战略调整的迫切性，并使美国战略调整的针对性更为明朗化。

（二）美国"重返亚洲"战略的提出及其策略与意图

奥巴马上台后决定从阿富汗撤军，并制定撤军的时间表。美国不再将反恐战争作为其对外战略的重点。与此同时，奥巴马政府对东亚、东南亚的关注度迅速上升，"重返亚洲"战略渐显端倪。

2009年11月中旬，美国总统奥巴马在出访亚洲之际向亚洲国家发出"回归亚洲"的信号。2010年1月美国国务卿希拉里在夏威夷发表讲话，明确表示美国已经重返亚洲。2010 年，美国高调介入了南海争端，强化与日、韩等国的同盟关系。2011 年下半年以来，美国外交开启"亚太时代"：奥巴马首次正式参加东亚峰会，希拉里第 10 次出访亚太地区、发表第 5 次亚太政策讲话、历史性地访问缅甸。强化美国在亚太地区的角色成为"美国外交重点再平衡的核心"。

目前可以看出美国"重返亚洲"的方式以军事为主，辅之以经济、外交手段。这个策略在美国政要及军方高层中均有明确的表示。希拉里在其论述美国"重返亚洲"战略的文章中说：

> 亚洲经济在过去 10 年里的非凡增长及其在未来持续增长的潜力依赖于长期的安全与稳定，美国军队为提供这项保障作出了贡献。今天这个快速变化的地区所面临的各种挑战——从领土和海事争端、对航行自由的新威胁等，都要求美国奉行一个在地理分布上更合理、运作上更具弹性、政治上更可持续的军力态势。[1]

2012 年 6 月，美国国防部长帕内塔在新加坡举行的第十一届香格里拉对话暨亚洲安全会议上，着重阐述"美国在亚太地区再平衡"战略。

美国通过增强太平洋海军部署、扩大与亚太国家的联合军事演习、编织南海地区的军事网络等手段来壮大美国在亚太相关区域的军事存在与军事影响力、控制力。

美国决定调整海军战舰当前在太平洋和大西洋各占一半的部署，到 2020 年前变为太平洋占 60%，大西洋占 40%。在未来几年内，将太平洋地区部署航空母舰的数量恢复到 6 艘，大部分巡洋舰、驱逐舰、潜艇与濒海战斗舰将部署在太平洋。2012 年 6 月，帕内塔出席香格里拉对话时宣称：美国削减国防预算不会妨碍美国增加在亚太地区存在的战略部署。需要几年时间完成美国战舰的转移，在今后 5 年的预算计划中，美国国防部

---

① Clinton, Hillary, "America's Pacific Century", *Foreign Policy*, Nov. 2011: 189.

有足够的资金完成这样的目标。

近几年来，美国与日本、韩国、澳大利亚、印度、越南、菲律宾等国频繁举行联合军事演习。仅 2012 年上半年，美国与东北亚、东南亚国家举行的联合军演就多达 15 次。6 月举行的 "环太平洋演习"，参演国家 22 个，参演的包括美国尼米兹航空母舰在内的战舰共 42 艘、潜艇 6 艘、军机 200 架，2.5 万人参加演习。其规模及出动战舰、兵器的先进程度均超过以往。

美国还加强与越南、菲律宾、新加坡的军事合作，巩固在菲律宾和新加坡的军事基地，在金兰湾军港得到越南提供的有偿维修服务，初步编织起一个在南海地区的军事网络。

在经济方面，美国力推由其主导的，蓄意排斥中国的 "跨太平洋战略经济伙伴协定"（TPP），以此来与亚太经合组织（APEC）、东盟 10 国与中日韩 3 国的 "10 + 3" 合作框架、东盟 10 国与中日韩 3 国及印度、澳大利亚、新西兰的 "10 + 3" 合作框架竞争，以地缘安全来吸引东南亚和东亚各国倾向于该组织，加强与美国的联系。

概言之，美国 "重返亚洲" 的战略意图在于维护美国在东亚、东南亚地区和西太平洋的领导地位，强化在美国军事控制之下的安全与稳定。

毋庸讳言，美国的这一战略意图包含着明显的针对中国的用意。无论是希拉里所说的 "这个快速变化的地区所面临的各种挑战——从领土和海事争端、对航行自由的新威胁等"，还是帕内塔强调的 "美国在亚太地区再平衡"，都包含着美国试图扭转中国崛起而带来的该地区地缘经济、地缘政治、地缘军事格局变化的趋势。美国针对中国宣布的 "南海主权是中国的核心国家利益"，宣称维护南海自由航行权是美国的国家利益；将中国排斥在 "跨太平洋战略经济伙伴协定"、环太平洋军事演习之外，都显示出其针对中国的用意。

强大的军事力量是美国实施 "重返亚洲" 战略的主要支撑，而经济力量不足是美国实施 "重返亚洲" 战略的主要困难。由此决定了美国在实施 "重返亚洲" 战略时，第一不能损坏美国的对华经济利益，不能与中国走向全面对峙；第二要拉拢同盟者、伙伴、同路人，要他们出面来制造事端，出头来挑衅中国，要他们出钱来维持联合军事活动的开支与购买美国军火。

这就造成了这样的局面：就美国所要拉拢的同盟者、伙伴、同路人来说，一方面他们要借助中国经济增长的引擎来驱动自身的经济增长，要与中国进行经济合作与交流；另一方面在安全方面又要依赖美国的军事介入来平衡中国的崛起；就美国来说，一方面要制衡中国，另一方面又离不开中国。这里所说的离不开中国包括两重意思。一是美国自身与中国有着紧密的经济利害关系，经济上美国也得益于中国的经济增长。二是美国经济能力有限，要将东亚、东南亚诸多国家吸引在其领导之下，而又拿不出多少美元来，主要靠"中国威胁论"让这些国家对美国产生安全上的依赖。一旦没有这种威胁感，美国手中如果没有几把米，就连雀鸟都哄不来。要加入美国力推的"跨太平洋战略经济伙伴协定"的国家对美国产品，尤其是农产品开放市场，最大的受益者是美国。一些国家的加入主要是考虑加强与美国的关系，换得安全保障。

二 印度的"东向"政策

20 世纪 80 年代末 90 年代初苏联解体，东欧剧变，印度在国际舞台上的盟友与依靠对象訇然坍塌，印度的经济、外交遭遇沉重打击，在推行经济自由化改革的同时，也开展对外政策的调整。"东向"政策即是印度对外政策调整的一个主要内容。此前，印度奉行偏向苏联的政策，与东盟国家及日本、韩国等东亚国家关系平淡疏远。推行"东向"政策后印度大力发展与这些国家的关系，极力挤进东南亚、东亚及太平洋。

（一）印度"东向"政策的两个阶段

迄今为止，印度推行"东向"政策大体上经历了两个阶段。

第一阶段：从 20 世纪 90 年代初到 21 世纪初年，"东向"政策的主要目的是挤进世界经济发展的中心地带,摆脱苏联解体后印度面临的困境。

第二阶段:21 世纪初年至今,"东向"政策成为印度大国战略的重要环节,在加强经济联系的同时,强调印度在亚太海域内的军事存在和军事影响力的加强。

限于篇幅,这里不谈论第一阶段,主要谈论第二阶段。

21 世纪初年,随着推行经济自由化的改革,印度经济增长加速,国力增强,印度对世界大国地位的追求日益强烈,急于扩大影响力,在外交方面实行"印度无处不在"的全方位外交,树立经济、政治、军事强国形象成为印度对外活动的一项重要内容。在"东向"政策的推行中则突出军事力量向亚太的推进。

2002 年,印度和东盟举行首次领导人会议,建立印度-东盟"10 + 1"对话机制,既标志着双方关系进入一个新阶段,也为印度实施第二阶段的"东向"政策拉开序幕。2003 年 9 月 4 日印度外长纳·辛格在第二届印度东盟商务高峰会发表讲话,宣称:"印度的'东向'政策已经进入第二阶段。第一阶段主要以东盟国家及贸易和投资关系为重点。第二阶段将从单纯的经济问题转移到经济及包括共同努力以保护海上通道、协调反恐等在内的安全的问题。"同年 10 月,瓦杰帕伊出席在印尼巴厘岛举行的第二届印度-东盟峰会,印度与东盟双方签署《东盟-印度全面经济合作框架协议》,并商定 10 年内成立自贸区;印度加入《东南亚友好合作条约》,签署了反恐联合宣言。这两项协议使印度与东盟政治关系、安全合作的条约化、机制化和经济一体化进程正式启动。此后,印度与东盟及东盟国家关系日益密切,经济、安全等方面合作日益加强。

印度"东向"政策第二阶段的推进呈现如下特点:陆上推进鹅步鸭行,海上推进长足发展;经济合作成果有限,军事合作影响深远。

印度东北地区地处印度最东端,与中国、不丹、缅甸、孟加拉国接壤,自推行"东向"政策以来印度政府多次声称要给予东北地区优惠政策,促进经济发展和对外开放,使之成为印度推行"东向"政策的门户。但是 20 余年过去了,印度东北地区落后贫困依然如故,对外封闭依然如故。

经过多年的努力，印度与东盟国家的经济交流虽然有所进展，但成果仍然很有限。2010 年，印度与东盟双边贸易额达到 500 亿美元。双方拟定力争在 2012 年增至 700 亿美元。中国在与东盟签署《中国－东盟全面经济合作框架协议》的 2002 年，与东盟的双边贸易额为 547.67 亿美元，到 2011 年双边贸易额达到 3628.5 亿美元，比 2002 年增长了 5.6 倍，年均增长率超过 20%。即便印度与东盟国家的贸易如其所望在 2012 年达到 700 亿美元，尚不足 2011 年中国与东盟国家贸易的五分之一。2011 年，中国连续第 3 年成为东盟的第一大贸易伙伴，东盟超过日本，成为中国第三大贸易伙伴，同时保持着中国第四大出口市场和第三大进口来源地的地位。2012 年中国与东盟双边贸易仍呈高速上升的趋势，1～6 月，中国与东盟双边贸易额为 1878.2 亿美元，同比增长 9.8%，高于全国外贸增速。

与蹒跚而行的陆上推进和成果有限的经济交流相比较，印度海上军事"东向"有声有色，进展较快，影响不小。

印度 2005 年与美国签订《印美 10 年合作防备框架》、2007 年与越南签订《印越战略伙伴关系联合宣言》、2008 年与日本签订《印日安保联合宣言》。此外，印度还与东盟及新加坡、马来西亚、菲律宾等国就马六甲海峡与南中国海的安全问题举行多次会谈。印度与美国、日本、东盟国家、澳大利亚等国海上军事合作日益扩展，海上联合军演更为频繁。

为了适应海上军事"东向"的需要，印度调整其海军部署，加强海军东部司令部的军力。印度海军设西部、东部、南部三个司令部。西部海军司令部主要负责毗邻印度的传统对手巴基斯坦的北阿拉伯海的水域安全和防务；南部司令部主要负责海军常规训练，并承担印度南部海域的防务；东部海军司令部主要负责孟加拉湾和印度东部沿海的安全和防务。印度历来的海军军力部署"重西轻东"。"东向"政策的实施进入第二阶段后，印度改变原来的部署，采取措施增强东部司令部军力。印度将其所有的 5 艘拉其普特级驱逐舰均划归东部司令部指挥，并决定把印度海军新增战舰和军机优先提供给东部舰队。2005 年东部司令部作战舰艇仅有 30 艘，2011 年增为 50 艘，主力战舰包括 5 艘拉其普特级（Rajput Class）驱逐舰、1 艘塔尔瓦尔级护卫舰、3 艘什瓦利克级（Shivalik Class）护卫舰和 1 艘辛杜格霍斯级潜艇。印度政府还打算等从俄罗斯购进和改装的维克拉玛蒂亚号航母 2012 年投入服役后，西部舰队的现役旗舰维拉特号航母转移至东部舰队；在东部舰队母港维萨卡帕特南港以南 50 公里处新建专用军港，改变现在军民共用一个港口的状况，使新港口成为东部舰队的未来中枢和印度核潜艇的基地。

（二）印度“东向”与美国“重返亚洲”的战略契合点及差异

印度的“东向”政策与美国“重返亚洲”既有战略上的契合点，但也存在差异。就契合点而言，主要有以下两点：

第一，“中国威胁论”是美印制定亚太战略的一个共同的主要考量，“维护航海自由”是印度和美国所宣示的共同利益所在，同时都包含着插手南海问题的用意。

随着中国的崛起，国际上“中国威胁论”甚嚣尘上，美国煽风点火，拨弄挑唆。印度一方面讲一些中印有共同发展的空间之类的话，但是长期以来的“中国威胁”的阴影并未消失，近几年来又有增长之势。

2011 年、2012 年印度国防部年度报告均重复“中国威胁”，声称中国的强盛是对印度安全的“潜在威胁”，印度要特别“警惕和留心”中国在印度周边国家部署军队，防止中国影响向印度的扩展。[1] 2010 年 10 月，印度陆军总司令 V. K. 辛格在印度陆战研究中心组织的“印度陆军：新兴的角色与任务”（India Army：Emerging Roles and Tasks）研讨会上称，印度“与中国的边界或许是稳定的，但陆军不能心存侥幸，因为争议仍未解决”，“印度需要留心北京的意图及其增长的军事和经济能力”。[2]

---

[1] "Military of Defence, Government of India", *Annual Report 2011 - 12*, http：//mod. nic. in/reports/AR - eng - 2012. pdf, p. 6.

[2] Rahul Singh, "China, Pak major security irritants", *Hindustan Times*, October 15, 2010, http：//www. hindustantimes. com/India - news/NorthIndia/China - Pak - major - security - irritants/Article1 - 613345. aspx.

2012 年 1 月，印度国防政策研究学院与中心公布了题为《不结盟2.0：21 世纪印度的对外政策与对外战略》的对未来 10 年印度对外政策和对外战略的评估与规划报告。该报告由研究人员（基本上都是印度政府前高级官员，如前任国家安全顾问纳拉亚南，前印度外交秘书希亚姆·萨兰）及印度商界巨头等人参与编制，该报告在很大程度上反映了印度政府对外政策的走向。报告中关于中国及印中关系的评估认为："在可预见的未来，中国仍将是印度对外政策和安全的重要挑战。作为一个主要大国，中国直接撞击印度的地缘政治空间。随着中国经济和军事能力的增强，中印实力差距将会扩大。"① 中印边界实际控制线两边的小冲突仍然存在，边境军事部署和态势上中方占据优势。印度战略应对的策略是：在陆地边境一线"坚守不动"，拓展印度的海军优势。在陆地边界维持守势，应对中方发动大规模进攻的方式是所谓"非对称能力"，即深入西藏切断中方交通补给线；加快交通通信等基础设施建设，加速边境地区及其居民与印度内地的整合。② 在海上则要大力发展印度海军，弥补印度对华的"不对称力量"，"制衡"中国可能的挑战；美国、日本、印尼、澳大利亚和越南的海洋战略行动都有助于阻缓（不是阻止）中国向印度洋投放海军力量，印度应加强与日本、越南、澳大利亚等国的关系以平衡其他大国的海上力量，印度的地区外交也应为此服务，要与这些国家达成安全合作协定和定期开展海军演习。③ 在外交策略上，则要积极发展与其他主要大国的关系，"以迫使中国在对印事务方面采取克制"。显然，印度对太平洋的海上推进，其中一个重要的战略意图就是以从海上来牵制中国，

---

① Sunil Khilnani, Rajiv Kumar, Pratap Bhanu Mehta et al. , "Non-Alignment 2. 0： A Foreign and Strategic Policy for India in the Twenty First Century", http：//www. cprindia. org/sites/default/files/NonAlignment% 202. 0_ 1. pdf, p. 13.

② Sunil Khilnani, Rajiv Kumar, Pratap Bhanu Mehta et al. , "Non-Alignment 2. 0： A Foreign and Strategic Policy for India in the Twenty First Century", http：//www. cprindia. org/sites/default/files/NonAlignment% 202. 0_ 1. pdf, pp. 40 – 42.

③ Sunil Khilnani, Rajiv Kumar, Pratap Bhanu Mehta et al. , "Non-Alignment 2. 0： A Foreign and Strategic Policy for India in the Twenty First Century", http：//www. cprindia. org/sites/default/files/NonAlignment% 202. 0_ 1. pdf, pp. 13 – 14.

来缓解印度所认为的中印边境的"中国威胁"压力。

美国提出"重返亚洲"战略以维护地区安全和"航海自由"为主要理由，印度在"东向"政策第二阶段强调海上军事推进太平洋也是以"维护航海自由"名义进行的。美国针对中国宣布的"南海主权是中国的核心国家利益"，宣称维护南海自由航行权是美国的国家利益；印度则无视中国对其勿插手南海问题的劝告，宣称"印度主张南海是全世界的财产，其航道必须不受任何国家的干扰，被用于促进相关国家的贸易行为"。① 这里需要指出的是，在印美关于亚太地区局势的判断中，都将中国的崛起，尤其是中国海军的发展看做对地区安全和"航海自由"的挑战，维护地区安全和"航海自由"既是印美的共同利益所在，也是它们插手南海问题、制衡中国的共同行为方式。

第二，印美在亚太地区有共同的军事合作伙伴。日本、韩国、澳大利亚、越南、菲律宾、马来西亚、新加坡等既是美国"重返亚洲"战略的合作伙伴，也是印度"东向"政策进入太平洋所要获得的外部支撑。目前值得注意的是，印度与日本的接近，以及在美国驱动之下的美、印、日三国在亚太地区及西太平洋的防务合作关系的建立。

印度"东向"政策进入第二阶段后，与日本的关系发展迅速。从2006年到2011年，印度与日本政府首脑三次会晤，多次举行部长级互访和会谈，双边合作领域扩大，战略关系升温。2011年11月1~3日，印度国防部长安东尼访问日本，与日防卫相举行会谈，双方一致认为确保海上航路安全是两国的共同利益，两国就通过举行双边军事演习的方式进一步加强军事合作的问题达成了一致，并确定2012年印度海军与日本海上自卫队举行首次联合军演。此外，双方还计划促进印度陆、空军与日本陆、空自卫队的对话与合作。2011年12月，日本首相野田佳彦与印度总理辛格会谈，进一步讨论拓展两国打击海盗和海洋安全的合作问题。

2011年12月19日，在美国的主持下，美、日、印在华盛顿就亚太

---

① 印度外长克里希纳4月6日讲话，环球时报-环球网，2012-04-07。

地区问题尤其是海上安全的问题举行三方首次会谈。美方在会后发表的公告中称会谈"坦诚、全面"，强化了三国之间"共享的价值观与利益"，标志着三国间一系列磋商的开启。三方商定第二次三边对话将于 2012 年在东京举行。

2012 年印日海军联合演习如期举行。6 月 5 日印度海军舰只抵达日本自卫队横须贺港，印度海军部队司令库马尔在记者会上表示，希望通过联合军演加强运用方面的合作。9 日印日海军在相模湾举行首次海上联合军演，印度海军参加演习的 3 艘驱逐舰和 1 艘补给舰，日本海上自卫队的 2 艘护卫舰、1 架救援机、1 架巡逻直升机进行了编队与联合搜救。外电评论，此前印日海军曾举行过简单的军事训练，共同参加过多国军事演习，但进行以提高实战技术为目标的两国联合军演，这还是首次。

美、印、日三国在亚太地区及西太平洋的防务合作关系的建立，对于印度来说，标志着它进入太平洋的海上"东向"从马六甲海峡跃进至日本海，有了长足的推进；对于美国来说，其"重返亚洲"的战略与日本、印度形成了从东、北、西南三个方向合力并进的态势，更重要的是，除其军事盟友日本外，还获得了在亚非发展中国家具有重要地位和影响的印度的辅助。

就双方的差异而言，出于国家利益的考虑，在独立自主的民族与国家意识的主导下，印度不会纳入美国"重返亚洲"的战略轨道，不会甘当美国支配的亚太安全体制下的顺从的小头目。印度在构建国际经济新秩序及南北关系、全球气候问题、人权问题、核问题等方面与美国存在着重大的分歧。在当前及以后相当长时间内的国际关系的基本结构中，这种分歧从根本上说是崛起中的第三世界国家与力图维持现有支配地位的超级大国之间的矛盾，力量的此消彼长是这种矛盾演变的不可避免的结果。印度国防政策研究学院与中心公布的《不结盟 2.0：21 世纪印度的对外政策与对外战略》明确指出：印度对外战略目标的核心是在对外关系上实现最大化的多种选择，扩大印度的战略空间和提升独立自主的能力；印度在实现国家利益时应不以意识形态和其他因素为标准；追求发展目标时印度仍然应最大化地保持战略自主性，致力于构建一个更加公平合理的全球秩序。[①]

可以说，印度"东向"战略与美国"重返亚洲"战略的契合，仅是双方出于短期目的、针对特定对象而采取权宜之计的结果，而双方的分歧则是长期发生作用的结构性因素。

三　美印关系的新变化及其对亚太局势的影响

美国提出"重返亚洲"战略后，积极拉拢印度，美印关系快速升温。印美关系的新发展增添了亚太局势的复杂性，加深了亚太局势网络化格局。

（一）美国对印度的拉拢

美国提出"重返亚洲"战略后，多方拉拢印度，尤其在防务方面连连向印度示好，其活动之频繁，语言之热烈，充分显露了美国迫不及待的心情。

2009 年 11 月美国宣布向印度提供 180 亿美元军售。2010 年 7 月，两国签署《反恐合作倡议》。2010 年 11 月美国总统奥巴马访印，两国宣布将进一步加强反恐与地区安全合作，启动两国间战略级别的国土安全对话，奥巴马高调表示美国支持印度成为联合国安理会常任理事国。2011 年 1 月，美国宣布将印度的多家机构从军售管制的"黑名单"中删除。2011 年 5 月，第五次印美反恐联合工作组会议在新德里举行，两国不断发展的战略伙伴关系得到增进，安全合作领域进一步拓展。7 月，第二轮美印战略对话在印度举行，对话内容包括情报、反恐、防务、科技、农业、能源、贸易和投资、气候变化等领域，美国国务卿希拉里·克林顿出席对话，重申美国对印度"入常"的支持，强调了美印民用核能合作的重要性。希拉里在访问印度金奈时发表讲话称："现在该是领导的时刻

---

① Sunil Khilnani, Rajiv Kumar, Pratap Bhanu Mehta et al. , "Non-Alignment 2.0：A Foreign and Strategic Policy for India in the Twenty First Century", http：//www. cprindia. org/sites/default/files/NonAlignment% 202. 0_ 1. pdf, p. 8.

了。印度不应该只是'向东看'，而应该有所行动。"《印度斯坦时报》21日对此评论说，在所有新兴国家中，美国对印度成为"全球性玩家"的潜力倾注了最多热情。

美印防务合作尤为引人注目。2011年3月，在华盛顿举行第11次印美国防政策会议，双方讨论海上安全、人道主义救援/灾难救援、反恐合作等问题，两国同意今后将在国防政策组会议及其他适当的对话会议中就印度洋海域的航行安全问题进行协商和讨论。3月和11月，两国在新德里进行了第9次和第10次印美国防采购和生产会议（DPPG：Defence Procurement and Production Group）。3月25日，第13次印美联合（国防）技术会议（Joint Technical Group）在美国举行。2011年，双方共有6次联合军演，其中陆军联合军演2次，海军联合军演4次。印美双方表示将进一步就国防项目方面的技术转让、联合研制、装备的发展和生产加强合作。2010年，印度从美国进口武器装备总值为0.51亿美元，2011年则达1.9亿美元。[①]

不可否认，印度"东进"政策与美国"重返亚洲"战略相当程度上的契合为密切印美关系，尤其是为加强防务合作提供重要的推动力。但是，美国只是把印度当做制衡中国的一个棋子，当然不会让印度领导亚洲，在美国的"重返亚洲"战略意图中，印度是一只应当由美国牵线的领头雁。而在印度的"东向"政策中，美国只是一个进入亚太的同路人，印度不会为美国火中取栗。

（二）亚太国际关系的网络状态

印美关系的新发展无疑壮大了美国"重返亚洲"的声威，使美国获得了重要的战略支撑与依托，但是也增加了美国掌控亚太地区局势的难度。

---

① SIPRI Arms Transfers Database，瑞典"斯德哥尔摩国际和平研究所"（SIPRI）网站，http：//armstrade.sipri.org/armstrade/html/export_ values.php。

美国"重返亚洲"意图重振美国在亚太的军事控制力,建立美国主导的亚太安全秩序。但是,由于该地区复杂的经济、政治、安全状况及美国本身国力限制,在该地区并未形成一个由美国牵线的、有两三只领头雁领头的、方向一致且严整有序的"雁行"阵式,形成的反而是错综复杂、相互勾连牵涉的网状结构,而印度东向进入亚太,增添了这一网状结构的复杂性。

首先,印度与美国关系的新发展及印度东向进入亚太,加重了上述网络结构中经济、安全利益反向而行的畸异状况。不同趋向的多重利益的相互交织是形成网络结构的基本因素。这个网络中的国家与中国都有着密切的经济联系,都在不同程度上得益于中国经济的增长,美国"重返亚洲"并不能改变这一现实。另一方面许多国家又谋求引进外部势力来制衡中国,将自身的安全寄托于美国的军事力量。这就出现了许多东南亚国家在经济上靠拢中国,而在防务上将美国视为靠山,用从与中国的经济交流中获得的钱购买美国军火、与美国联合军演的奇怪现象。对于美国来说也是如此,美国只愿做出为这些国家撑腰的姿态,但仅是引而不发,跃跃欲试,挑拨这些国家挑衅中国,恶化与中国的关系,使它们有求于美国的军事合作与武器销售,但仅此而已。中国是印度的第一大贸易国,2011 年印中贸易总额 739 亿美元,超过印度与东盟国家贸易额,也超过印美贸易额(2010～2011 年度印美贸易额共 450 亿美元)。印度进入亚太网络结构中,上述畸异状况不仅未能改变或减轻,相反更为严重。对于印度来说,它与越南、日本这些与中国存在主权争议的国家交好,目的在于从东方牵制中国,减轻它在中印边界所受到的压力,与中国的经贸关系却使它不会贸然与中国全面对抗。

其次,印美关系的新发展与印度"东向"进入亚太,使亚太地区不同的国家利益取向更加复杂化。对于亚太地区不同的国家而言,它们的国家利益取向各不相同,复杂而多变。如美国"重返亚洲"要借助越南,但越南与俄罗斯的深厚传统友谊和密切的军事合作对美越关系构成牵制;而越南长期以来与美国的历史怨恨因"中国威胁"而消解。美国在东亚的两个盟友——日本与韩国是其"重返亚洲"的重要的战略支撑，但它们之间的对独岛（竹岛）主权争议随时引发两国关系的危机。同样，中国与俄罗斯在东北亚有着共同的利益，但在东南亚越俄关系同样牵制中俄关系。当前，美国极力推动印度进入亚太，但印度与俄罗斯的传统友谊以及印度根深蒂固的反对西方帝国主义的民族情绪，均使双方有所顾忌。

经济利益与安全利益反向而行、不同的国家利益取向导致了亚太局势的畸异性、复杂性、易变性。在这种盘根错节、相互勾连牵涉的网络状国际关系下，尽管美国、印度等国家在构思其战略时有冷战思维，但却不能形成冷战格局。

对于中国来说，高度重视美国这一重大战略调整，深刻吸取苏联的历史教训，坚持以经济建设为中心，改善民生，继续发挥世界经济增长的引擎作用；坚持和平发展，军队建设量力而行；坚定地维护国家主权，有重点、有区别、有理、有节地展开外交斗争。中国自身的强大繁荣、沉着镇定、不骄不躁、自信坚定是应对复杂局面的根基。中国自身的根基越是稳定，美国"重返亚洲"，在畸异、复杂、易变的亚太局势中谋求支配权就越是困难。

中印与南非经贸关系比较研究

朱翠萍[*]◎

【内容提要】 南非是非洲地区最大的经济体，也是非洲大陆的门户。中国、印度和南非都属发展中国家，都是二十国集团和"金砖国家"等多边合作平台的重要成员，在维护地区安全和稳定中扮演着重要角色。中印保持与南非密切的政治与经济联系，对于两国发展与整个非洲的关系非常必要，对于维护印度洋地区和平发展具有至关重要的意义。

【关键词】 中国 印度 南非 经贸发展

21 世纪以来，由于中国经济持续增长，经济总量不断提高，被相当广泛地认为是 21 世纪新兴经济体中最先成为世界强国的头号候选者。与此同时，印度因其充满活力的经济增长以及军事实力的不断上升，也使人们不再质疑印度的世纪性崛起和追求大国抱负的现实意义。[①] 尽管与中国和印度相比，南非的经济和人口规模有限，但南非是非洲第一大经济体的现实和其在非洲的重要影响力使其成为"金砖国家"成员。作为二十国集团中新兴市场国家特别是"金砖国家"中的三个典型代表，中国、印度和南非之间有太多可以取长补短的地方，如果三国能够发挥比较优势，通过构建双边、三边合作机制加强合作，将在互利共赢中为重建国际经济新秩序作出贡献。

* 朱翠萍，云南财经大学印度洋地区研究中心副教授，博士。
① 朱翠萍：《中印经济关系：洞察与展望》，《印度洋地区动态》2012 年第 1 期。

一　南非经济发展概况

南非位于非洲大陆最南端，陆地面积1219090平方公里，人口4910万。在环印度洋地区的非洲板块中，南非是最大的经济体，也是最具影响力的支柱国家之一。南非于1961年宣布脱离英联邦并成立南非共和国。1990年是南非政治的转折点，以取消党禁、释放曼德拉为标志，南非当局开启了多党制宪谈判进程。1993年9月3日，南非议会通过了《过渡行政委员会法案》，曼德拉呼吁国际社会取消对南非的制裁。1994年，南非开始进行民主化改革和经济重建，首次举行了不分种族的大选，非国大在选举中获胜并组成了以曼德拉为总统的新政府。同时，废除了种族隔离制度，确立了种族平等的新体制。南非全面重返国际舞台，从"国际乞儿"变成"国际宠儿"。①

南非国土面积仅占非洲大陆的3%，早在20世纪90年代中期的政治变革之前，南非的GDP总量就已经占到整个非洲GDP总量的25%，约占撒哈拉以南非洲的40%，南部非洲的80%。矿业、制造业、农业和服务业是南非经济四大支柱。其中，南非矿产占非洲的45%，电力占非洲的50%以上，钢铁产量占非洲的83%，煤产量占非洲的97%。特别是南非以丰富的矿物资源驰名世界，现已探明并开采的矿产有70余种，黄金、铂族金属、锰、钒、铬、硅铝酸盐的储量居世界第一位，蛭石、锆、钛、氟石居第二位，磷酸盐、锑居第四位，铀、铅居第五位，煤、锌居第八位，铁矿石居第九位，铜居第十四位。②

1994年南非建立种族平等新制度后，尽管民族和解与政治稳定换来了国际国内良好的内外环境和发展空间，但是自1994年以来的十年间，南非人均国内生产总值年增长率仅为1.2%，多年来居高不下的失业率和贫困率依然是困扰南非社会经济发展的关键因素。近几年，南非新政府抓

---

① 杨立华：《中国与南非建交的战略选择（上）》，《西亚非洲》2007年第9期，第14页。

② http://zhidao.baidu.com/question/162260465.html.

住发展机遇实施制度变革和经济转型，通过优化投资环境和调整经济结构，经济得到了前所未有的发展，赢得了世界各国普遍的关注和认可。2005 年以来南非的经济年增长率一直保持在 5% 以上，而且南非是非洲大陆唯一拥有具备国际竞争力的跨国公司的国家。联合国贸易与发展会议报告列出的发展中国家 50 家跨国公司中，南非有 7 家。同时，南非于 2010 年 12 月获邀加入"金砖国家"，也迎来了前所未有的发展机遇，国际地位不断提升。2010 年南非 GDP 总量约为 4080 亿美元，排名世界第 29 位，人均 GDP 为 8066 美元。

2011 年 11 月 11 日，南非国家计划委员会公布了《2030 年国家发展规划》，提出在未来二十年内南非将实现经济年均增长率 5.4%，创造 1100 万个就业岗位，失业率从目前的 25% 下降到 6%，基尼系数由 0.7 下降到 0.6，并彻底消除贫困人口。为了实现可持续发展目标，目前南非正致力于促进经济由传统经济模式向绿色经济模式转型。比如南非出台了一系列措施包括对环保和绿色经济企业的政策倾斜和税收优惠，而对于污染严重和过度开采稀缺资源的企业，将征收惩罚性税收。此外，将可再生能源的开发、海水养殖、野生动物保护、废弃物处理和生态系统重建确定为南非绿色经济发展的新方向。[1]

2012 年 3 月 12 日的非洲战略论坛上，南非推出了一项庞大的非洲跨国铁路建设计划，这项计划的第一步是建设一条连接南非、斯威士兰和莫桑比克的铁路，然后重新恢复早已停止使用的连接南非和刚果（金）的铁路。此外，南非铁路局正在与有关国家磋商，建设一条被称为"非洲南北经济走廊"的铁路。根据计划，"非洲南北经济走廊"欲将博茨瓦纳、刚果（金）、南非、赞比亚和津巴布韦通过交通干线连接起来，再经南非的德班港从海上与世界沟通，[2] 意在通过"非洲交通一体化"促进非

---

① 新华网：《南非将出台政策鼓励私营企业投资绿色经济》，http：//news. xinhuanet. com/
world/2011 - 12/04/c_ 122372404. htm。

② 新华网：《南非推出非洲跨国铁路建设计划》，http：//news. xinhuanet. com/world/2012 -
03/13/c_ 122825643. htm? prolongation = 1。

洲国家之间的经贸往来，推动整个非洲大陆经济一体化目标的实现，促进
共同发展。

二 中国与南非经贸关系

中国位于亚洲大陆东部、太平洋西岸，陆地面积 960 万平方公里，居
世界第三位；中国的人口为 13.39 亿，是世界第一人口大国。1949 年中
华人民共和国成立，中国成为社会主义国家。中国于 1978 年开始市场经
济改革，中国经济迅速增长。根据 IMF 数据，中国经济总量占世界经济
的份额（汇率法）从 1978 年的 1.8% 上升到 2007 年的 6.0% 和 2010 年的
约 9%，超越日本成为世界第二大经济体。2011 年中国实现国内生产总值
47.2 万亿元，同比增长 9.2%。

中国历来重视与非洲国家的关系。特别是自 2006 年中非合作论坛北
京峰会以来，中国对非贸易投资发展迅速。2011 年，中非贸易额达到创
纪录的 1663 亿美元，中国连续 3 年成为非洲第一大贸易伙伴，中国对非
直接投资存量已超过 150 亿美元，而且还在快速增长。中国在非设立各类
企业 2000 多家，项目遍及非洲 50 个国家。此外，中国对非洲的援助也稳
步增长。[①] 其中，南非是非洲最大的经济体和中国在非洲最大的贸易伙
伴，也是中国在非洲投资比较集中的国家，两国关系前景良好，经贸合作
潜力巨大。

（一）政治互动

1997 年 12 月 30 日，中南两国签署《中华人民共和国政府和南非共
和国政府关于两国建立外交关系的联合公报》。1998 年 1 月 1 日，中国与
南非建立大使级外交关系。1998 年 4 月，南非副总统塔博·姆贝基访华。

---

① 环球视线：《南非总统欣赏中国不附带任何条件援助方式》，http://www.qianhuaweb.com/
content/2012 - 07/21/content_ 3170399. htm。

1999 年 2 月，中国国家副主席胡锦涛访问南非。同年 5 月，南非总统纳尔逊·曼德拉对中国进行国事访问。2000 年 4 月 24～27 日，中国国家主席江泽民应邀对南非进行国事访问，两国签署《中南关于伙伴关系的比勒陀利亚宣言》，中国与南非进一步建立了"伙伴关系"。2001 年 12 月，南非总统姆贝基应邀对中国进行国事访问。2002 年成立了双边委员会，2004 年建立了平等互利、共同发展的"战略伙伴关系"，中南确立的全面战略伙伴关系涵盖政治、经济、文化、军事等各领域。同年 6 月，南非宣布承认中国市场经济地位，并代表南部非洲关税同盟与中国启动自由贸易区谈判；2006 年 6 月，温家宝总理对南非进行正式访问，双方签署了《中南关于深化战略伙伴关系的合作纲要》。2007 年胡锦涛主席对南非进行国事访问，将中南战略伙伴关系推向新的高度。紧接着，2008 年 1 月，两国建立了外交部战略对话机制，并于 2008 年 4 月和 2009 年 9 月分别在中国和南非举行战略对话。2010 年 3 月底全国政协主席贾庆林访问南非，8 月南非总统祖马率团访华，11 月习近平副主席访问南非。2011 年 4 月中国海军舰艇编队访问德班港，同月祖马来中国参加"金砖国家"领导人第三次会晤，与胡锦涛主席进行双边会谈。2012 年 7 月 18 日，胡锦涛主席、习近平副主席和温家宝总理分别会见了来华访问并出席中非合作论坛第五届部长级会议开幕式的南非总统祖马，中南双方政府间的战略共识不断加深，双方愿意在战略伙伴关系框架下，共同推动中南互利合作和新型战略伙伴关系迈上新台阶。

（二）合作机制

1991 年中国与南非前政府达成互设民间机构的协议。1992 年，中国在南非首都比勒陀利亚设立"南非研究中心"，南非相应在北京设立"中国研究中心"，作为非正式的联系渠道。1993 年 9 月，中国贸促会正式宣布恢复与南非的经贸关系。中南双边贸易额 1993 年只有 6158 万美元，1994 年则为 9 亿美元，1995 年超过 13 亿美元。南非成为中国在非洲最大的贸易伙伴。同时，中南两国间的投资与技术合作也取得了进展，中国公司开始在南非投资或合资办厂，南非一些实力雄厚的企业也在中国投资。① 2000 年 6 月，南非投资银行（INVESTEC）集团与中国人民银行签订黄金寄售协议，每 3 周由南非兰德冶炼厂向中国人民银行提供 1 吨黄金以寄售。该协议没有期限限制。② 同时，中国政府于 2000 年 10 月提出召开"中非合作论坛——北京 2000 年部长级会议"的倡议，得到非洲国家的热烈响应和广泛支持。2000 年 10 月 10～12 日，中非合作论坛第一届部长级会议在北京召开，来自 45 个非洲国家的外交部长、主管对外合作或经济事务的部长以及部分国际机构和地区组织的代表出席了会议。论坛首次会议发表了《中非合作论坛北京宣言》和《中非经济和社会发展合作纲领》。中非合作论坛部长级会议每 3 年举行一届，是中国和非洲国家在"南南合作"范畴内的集体对话机制，是扩大中国与非洲经贸合作的平台。值得一提的是，2010 年 12 月 23 日，中国作为"金砖四国"合作机制轮值主席国，与俄罗斯、印度和巴西共同商定，吸收南非为正式成员加入该合作机制，并邀请南非参加即将在 2011 年 4 月召开的北京"金砖国家"会议，南非于 2012 年 12 月正式成为"金砖国家"新成员。目前，中国全国人大已同南非国民议会建立了定期交流机制，不仅议会高层实现互访，下属各专门委员会经济、文化交流也非常活跃。

（三）经贸合作

中国与南非的经贸合作发展迅速。从表 1 反映的近年两国双边贸易额看，2000 年中国与南非的进出口总额只有约 20.5 亿美元，占南非进出口总额的比例为 3.4%（南非当年进出口总额为 596.78 亿美元），2004 年中国对南非进出口总额接近 60 亿美元。特别是 2009 年世界金融危机导致南非与其他传统贸易伙伴国贸易大幅下跌，中国与南非的贸易增长率虽然也呈负增长，但下跌幅度相比较小，使得中国从南非第三大贸易伙伴国跃升

---

① 参见《中国日报》1996 年 4 月 13 日。转引自杨丽华著《中国与南非建交的战略选择》，《西亚非洲》2007 年第 9 期，第 15 页。

② http://zhidao.baidu.com/question/53255171.html.

为南非最大的贸易伙伴国。2010 年中国和南非双边贸易额继续大幅上升，约达到 257 亿美元，占南非当年进出口总额的 11.8%（2010 年南非的进出口总额为 2185.3 亿美元）。从表 1 中也可以看出，2007 年以前，中国对南非贸易呈现明显顺差，而且 2006 年顺差最大时达到约 16.8 亿美元。2008 年以来，中国对南非贸易出现逆差。其中，2008 年逆差约为 6 亿美元，2009 年中国对南非逆差上升到约 13.5 亿美元，2010 年逆差超过了 40 亿美元。中南之间贸易不平衡有逐渐增加的趋势。

表 1　中国对南非进出口总额及增长率

单位：百万美元，%

年份	出口总额	进口总额	进出口总额	增长率
2000	1013.65	1037.29	2050.94	
2001	1049.12	1173.11	2222.23	8.35
2002	1310.64	1268.77	2579.41	16.07
2003	2029.36	1839.99	3869.35	50.01
2003	2029.36	1839.99	3869.35	0.00
2004	2951.90	2960.20	5912.11	52.79
2005	3825.97	3443.05	7269.02	22.95
2006	5767.71	4085.36	9853.07	35.55
2007	7428.26	6618.07	14046.33	42.56
2008	8617.62	9234.97	17852.59	27.10
2009	7365.75	8711.75	16077.50	-9.94
2010	10799.86	14903.24	25703.10	59.87

资料来源：《中国统计年鉴》（2001~2011 年）。

从进出口产品结构来看，南非主要从中国进口工业制成品，向中国出口原材料。中国在机电、纺织等行业具有较强的国际竞争力，对南非出口的主要商品包括机电产品、纺织品、日用品以及工艺品等。南非是世界矿产资源大国，黄金、铂族金属、铬矿砂、锰矿砂、钒、硅铝酸盐等矿产的储量居世界第一位，钻石、煤炭等储量也居世界前列。中国从南非主要进口矿砂、矿物燃料、珠宝、贵金属及制品等。总体上，中南双方在贸易上具有互补性并发挥了各自的比较优势，有利于实现互利共赢。

（四）企业投资

截至 2009 年底，中国在南非的非金融类直接投资额累计达 9.5 亿美元。2008 年 3 月，中国工商银行投入 54.6 亿美元购买南非标准银行20% 的股份，是迄今为止中国在南非最大的金融投资项目，为双方金融合作迈出了实质性步伐。同时，中国的兴业、中兴、华为、海信、中钢、酒钢和紫金矿业等企业已在南非建立了 100 余家经营性企业和分支机构，并以此为契机拓展非洲大陆市场。与此相呼应，截至 2009 年底，南非在华投资项目约 600 个，实际投资 5.5 亿美元，南非一些大型企业在华实施的各项规模较大及技术含量较高的投资合作项目正在逐步展开。[①]

2010 年 5 月 14 日，中国冀东发展集团公司与南非投资公司及南非大陆水泥公司斥资 2.2 亿美元，在南非林波波省签约建设一个新型水泥厂项目。这是中国对南投资的又一大型项目，建成后中方将控股 51%，并提供生产技术和生产线。项目工期为两年，2012 年建成投产后将日产水泥2500 吨。12 月 20 日，中国金川集团公司与中非合作发展基金共同斥资8.8 亿美元入股南非 Wesizwe Platinum 铂金公司，并获得该公司旗下Frischgewaagd-Ledig 矿山的开发经营权，这是迄今为止中国在南非铂金矿业的最大一笔资金投入。[②]

尽管中国企业对南非投资显著增长，但中国企业对南非投资占整个海外投资的比重仍然较低，投资发展空间巨大。未来中国和南非应该继续致力于发展平衡、互利的贸易关系，鼓励两国间建立更多的合资企业，中国

---

① 商务部网站：《中国与南非经贸合作在发展中实现互利共赢》，http：//www.caitec.org.cn/c/cn/news/2011 – 07/13/news_ 2779.html。
② 商务部网站：《中国与南非经贸合作在发展中实现互利共赢》，http：//www.caitec.org.cn/c/cn/news/2011 – 07/13/news_ 2779.html。

工商银行与南非标准银行、中国建设银行与南非第一兰特银行之间的合作就是很好的范例。中国企业对南非投资既要立足于当地资源与市场优势，也应该着眼于未来拓展非洲市场的需要，重点加强与南非在矿产开发、能源、汽车制造、纺织服装、旅游等领域的合作。目前，南非承诺将不断增加与中国的相互投资和拓展双边关系，中国和南非都愿意将双边关系提升到全面战略的高度。

（五）经济援助

截至 2009 年底，中国累计对外提供援助金额达 2562.9 亿元人民币，其中无偿援助 1062 亿元，无息贷款 765.4 亿元，优惠贷款 735.5 亿元。[①]中国累计帮助发展中国家建成 2000 多个与当地民众生产和生活息息相关的各类成套项目，涉及农牧渔业、水利电力、交通电信、文教体卫、食品加工等多个领域。

中国对非洲国家的援助始于 1956 年。半个多世纪以来，中国对非洲援助始终是中非经贸合作关系乃至整个双边关系的一个特殊领域。2002年，中国向南非捐赠了价值 1.5 亿美元，总长达 2500 公里的输水管道和配套水表。2006 年 6 月，中国政府向南非政府提供了 2000 万元人民币的无偿援助，用来实施中南两国间的人力资源培训项目。中国每年还在南非招收官员和学员赴华参加各类研修班和培训班。

2012 年 1 月 28 日，贾庆林访问埃塞俄比亚时表示，中国向非盟提供6 亿元人民币的无偿援助。此前中国援助 2 亿元人民币修建非盟会议中心。2012 年 7 月 19 日，胡锦涛在中非合作论坛会议开幕式上表示，中国将向非洲国家提供 200 亿美元贷款。中国还将为非洲培训 3 万名各类人才，提供政府奖学金名额 18000 个，并派遣 1500 名医疗队员为白内障患者提供免费治疗。[②]

---

① 财经新闻：2011 年 4 月 26 日，《中国对外援助达 2562 亿元　将进一步增加无偿援助》http://jingji.cntv.cn/20110426/106128.shtml。

② 外交部网站：http://forum.home.news.cn/thread/101743667/1.html。

三　印度与南非经贸关系

印度位于亚洲南部，是南亚次大陆最大的国家，北部以喜马拉雅山为界，东濒孟加拉湾，西临阿拉伯海，南临印度洋，海岸线长 5560 公里。同时与巴基斯坦、中国、尼泊尔、不丹、缅甸和孟加拉国为邻，陆地面积 297.4 万平方公里，居世界第七位。印度于 1947 年 8 月 15 日与巴基斯坦分治后实现独立，并于 1950 年 1 月 26 日宣布成立印度共和国。2010 年，印度的总人口是 12.1 亿。印度于 1991 年开始经济体制改革，之后经济快速增长，2000 ~ 2009 年间，印度国内生产总值平均增长率达到 7.42%。根据国际货币基金组织 （IMF） 提供的数据，2010 年印度 GDP 增速为 10.4%，首次超过增速为 10.3% 的中国。2011 年印度 GDP 总量 1.68 万亿美元，居世界第 11 位，亚洲第 3 位。其中，人均 GDP 为 1388 美元。但是，按照购买力平价计算，印度 GDP 位于美国、中国之后，居世界第 3 位。印度人一直坚信，印度能重新恢复其在世界舞台上的强国地位。促使印度将自己定位为一个强国的主要因素并不仅仅是经济增长，还有人口规模与构成、地理空间与位置以及军事实力。当然，可能还由于 1700 年时印度国民收入占到全世界的 22.6% 这一辉煌的历史所带来的战略与决策自信。

印度和南非都是环印度洋国家，都是经济实力较为雄厚和发展速度较快的新兴国家。对于印度和南非来说，两国都意识到未来经济持续发展将依赖于日益发展的地区和国际经济合作，因为两国都有通过外向型战略积极参与国际竞争以提高 "硬实力" 的需求。除了 2009 年受金融危机影响增长低迷外，两国进出口总额近年来都出现稳步增长势头 （见图 1）。但相比较而言，印度的增长速度较快，南非增长缓慢。2011 年，南非的进出口总额约为 970 亿美元，增长率为 24.79%；印度的进出口总额约为 3000 亿美元，增长率为 31.16%。但投资呈现下降趋势，2010 年印度投资总额 390 亿美元，南非只有 20 亿美元左右，两国均为负增长 （见图 2）。

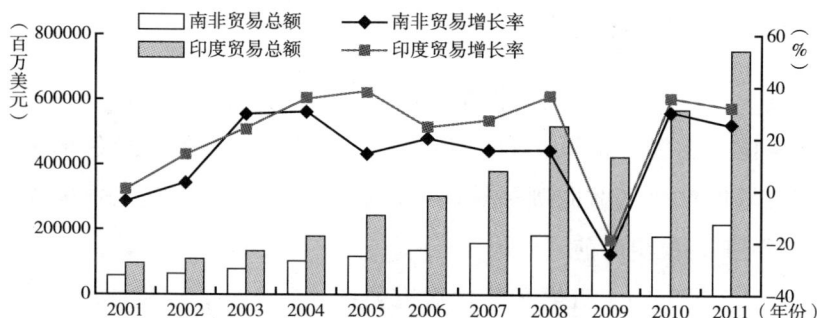

图1 南非和印度历年来进出口额和增长率

资料来源：WTO 国际贸易统计数据库。

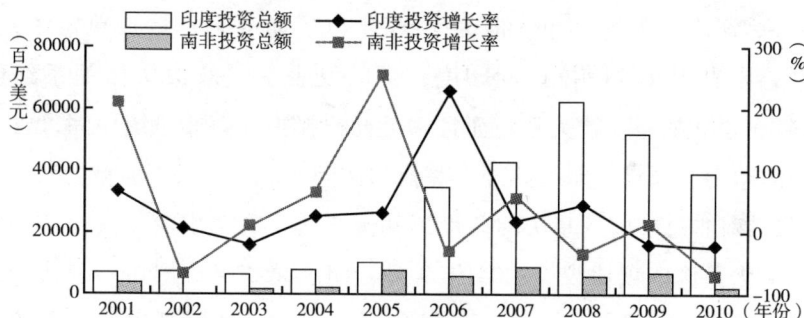

图2 南非和印度历年来投资总额和增长率

资料来源：unctad 统计数据库。

在环印度洋区域的非洲板块中，南非是其支柱国家之一。在亚洲所有国家中，印度和南非的外交关系发展迅速。一方面，源于两国都曾经先后沦为英国的殖民地，都是印度洋沿岸国家，而且在南非有大约 109 万亚洲人，其中 90% 以上是印度人，南非存在大量的印裔有利于加强印南之间的经贸联系；另一方面，源于印度在 20 世纪 90 年代市场化改革后，对非洲国家实施了经济外交战略。因此，无论是在非洲，还是在印度洋，南非共和国对印度都有举足轻重的作用。

（一）政治互动

印度于 1994 年恢复与南非的外交关系。目前虽然印南两国在经济总量上还不能"相提并论"，但印南双边关系正处在历史上最好的发展阶段，而且呈现良好的发展势头和明显的特点。南非这头"非洲狮"与"印度象"正在稳步向前。

印度和南非致力于巩固和深化双边关系。1946 年，印度政府代表在联合国大会上抗议南非迫害印度人违反了联合国宪章和国际法，1954 年印度中断了与南非的大部分经济联系，印度也是第一个对南非实行包括外交、商业和文化在内全面制裁的国家。1993 年，印度与南非恢复外交关系。1996 年，南非副总统姆贝基访问印度，两国签署了《国防装备合作谅解备忘录》，尽管协议内容简单，但为 2000 年以后防务合作增加奠定了基础。1997 年，南非总统曼德拉访问印度，两国发表了《双边伙伴关系红堡宣言》，宣布建立战略伙伴关系。而且，曼德拉在担任南非总统期间，曾先后四次访问印度。同年，印度总理古杰拉尔访问南非并签署了旅游协议。2003 年 10 月，南非总统姆贝基访问印度，两国签署了有关引渡、法律援助、能源以及文化合作四项协议。2004 年 9 月，印度总统卡拉姆访问南非，两国签署了关于信息和通信技术方面的谅解备忘录，卡拉姆是访问南非的第一个印度总统。2006 年 9 月，南非副总统普姆齐莱·姆兰博访问印度，双方讨论了在采矿、旅游、纺织等方面的合作；紧接着在 9 月底，印度总理辛格访问南非，两国共同发表了《茨瓦内宣言》，进一步扩大和深化了两国在贸易、投资、文化等领域的合作。2007 年 8 月，印度国大党主席索尼娅·甘地访问南非。2010 年 6 月，南非总统祖马对印度进行为期三天的访问，并在孟买启动印度 - 南非 CEO 论坛作为双边商界交流的机制性平台，提出了 2011～2012 财年实现双边贸易额 100 亿美元的目标，这是祖马自 2009 年 5 月任南非总统以来首次正式出访亚洲。2012 年 5 月 2～7 日，印度总统普拉蒂巴·帕蒂尔对南非进行了为期五天的访问。帕蒂尔说，印度和南非一直保持着良好的关系，双方在政治、经济和技术等领域展开了富有成效的合作，她的此次访问将推动双边关系进一步发展。南非总统祖马表示，两国将加强在各个领域的合作，使双边关系再上新台阶。祖马希望印度企业多投资南非的基础设施发展项目，在未来两年里，南非的基础设施建设将需要约 1020 亿美元的资金投入，其中能源领域需要 380 亿美元，运输和物流方面需要 340 亿美元。同时，两位领导人均表示要扩大双边贸易往来，争取在 2014 年使两国双边贸易额达到 140 亿美元。[①] 外界普遍认为，帕蒂尔此次访问南非远远超出了礼节性范畴，不仅表明印度加强与非洲主要国家关系的决心，也显示出印度与非洲国家的合作规模。

（二） 合作机制

印度与南非的经贸合作已经走向了机制化。1994 年，印度和南非共同签署了《贸易协定》，建立负责制定经济合作措施的印度－南非联合委员会。1997 年两国签署了《双边伙伴关系红堡宣言》，成立了印度－南非商业联盟，加强和扩大相互间的商业联系。1997 年 3 月，在印度和南非的积极推动下，环印度洋合作组织在毛里求斯成立，两国的地区贸易关系快速发展，印度是南非在该组织内的最大贸易伙伴。

2002 年，印度政府启动了"聚焦非洲"计划，先后有南非、安哥拉、科特迪瓦等 20 多个国家加入。2003 年 6 月，印度通过"印度－巴西－南非对话论坛（IBSA）"，目的是密切协商三国在国际政治中的立场和态度，如联合国改革、南南合作以及世界贸易组织内的合作等重要问题，特别是在各个领域加强同非洲最有影响力的大国南非的全面合作。2008 年 4 月，印度组织召开首次印度非洲峰会，发表《印度非洲论坛峰会德里宣言》和《印度非洲合作框架》，并确定了每三年召开一次会，确认经贸合作内容并进一步完善印非峰会的合作机制。目前，印度－南非商业联盟和两国企业界代表组成的 CEO 论坛是主要的合作组织形式，定期会晤制度已经

---

① 《南非和印度表示将深化合作》，环球网，http：//world. huanqiu. com/hot/2012 - 05/2682338. html, 2012 - 05 - 02。

推动印度与南非的经济合作走向了机制化。同时，南非 2010 年 12 月正式
获邀加入"金砖国家"合作机制，并于 2011 年 4 月 14 日以"金砖国家"
合作机制新成员身份首次参加了在中国海南三亚召开的"金砖国家"峰
会，这是南非成为世界主要新兴经济体的一个重要里程碑。

（三） 经贸合作

从 1993 年 11 月印度和南非正式建立外交关系以来，两国经贸联系不
断加强。1994 年两国签署了《贸易协定》，建立负责制定促进经济合作措
施的印度－南非联合委员会。1997 年，印度－南非商业联盟成立，由南
非的工商部和印度的商业部轮流主持这个联盟，旨在促进两国之间的贸
易、投资和商业往来，两国双边贸易额不断增长（见图 3）。2000 年印度
与南非的双边贸易总额只有 13.3 亿美元，2005 年上升到近 40 亿美元。
2006 年辛格总理访问南非期间，两国领导人提出了在 2010 年实现双边贸
易额 100 亿美元的目标。在 2010 年，印度与南非的双边贸易额达到 111.3
亿美元，贸易增长率为 43.87%。根据中国商务部的统计，2011 年在南非
出口市场中，印度在全世界排第 6 位，在亚洲位居第 3，对印度的出口量
占南非出口总量的 3.5%。同年，在南非的进口市场中，印度排世界第 7
位，在亚洲位居第 4，从印度进口额占南非总进口额的 4%。

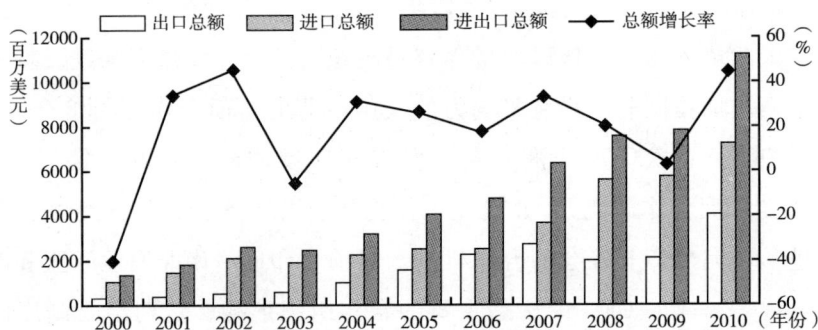

图 3　印度对南非进出口额及总贸易增长率

资料来源：Department of Commerce Export Import Data Bank。

（四）企业投资

印度不断加大对南非的投资与关注，但是印度与南非都缺乏关于投资的官方统计数据。根据安永会计师事务所的研究结果，外国对非直接投资数量从 2003 年的 339 个项目上升至 2011 年的 857 个，其中非洲以外国家对非直接投资在 10 年内增长了 1.5 倍，非洲内部投资则增长了 4.3 倍。新兴市场国家在对非投资中的比重明显增大，它们在 2003 年投资数量仅为 99 个，但在 2011 年达到 538 个，远远超过发达国家的 319 个。其中，印度的动作颇为引人注目，2003 年以来，印度对非洲投资仅排在美、法、英之后，位列第四。[①]

南非是印度的主要投资地之一。从 1994 年至今，印度企业包括塔塔集团、兰伯西公司、马亨德拉公司、悉普拉药物公司等约 40 家印度著名企业在南非投资，投资形式包括合资企业和独资企业，主要投资领域涉及汽车、钢铁和矿山等。同时，约 40 家南非企业在印度投资和从事业务。为促进相互间的经贸合作，印－南主要金融机构也在对方国家展开相应的业务。1997 年，印度国家银行开始进入南非，在约翰内斯堡、开普敦和伊丽莎白港设立分行，在德班设立办事处。印度进出口银行、巴鲁达银行在德班也有分行。2005 年，南非保险巨头杉兰公司也与印度金融服务机构斯瑞拉姆集团签署合资协议等。[②]

但南非在印度的投资相对较少。印度工业部长阿施维尼·库马尔 2007 年指出，"至今为止我们收到南非在印度的投资只有大约 6800 万美元，南非获得的印度投资也只有 1 亿美元。"[③]

---

① http：//www. chinataiwan. org/xwzx/gj/201205/t20120508_ 2525538_ 1. htm.

② See Ruchita Beri, "Indo-South Africa Relations After Mandela", *Strategic Analysis*, Vol. XX IV No. 12, March 2001. 转自徐国庆：《印度与南非经贸合作分析》，载《亚非纵横》2009 年第 6 期，第 36 页。

③ Fakir Hassen, "India-South Af rica Business Records New High in 2007", http：//www. boloji. com/opin2ion/0469. htm.

（五）经济援助

印度通过援助增进了印南双方的互信。为了援助包括南非在内的非洲国家，印度先后制定了"聚焦非洲计划"、"印非技术经济协作运动"、"非洲发展新伙伴计划"、"泛非洲电子网络连接计划"等一系列合作计划。同时，印度派出专家和官员帮助非洲国家培训工程技术人员，试图通过援助非洲计划扩大印非在能源、经贸、投资等各个领域的合作。

综上所述，印度多年来抓住机遇实施经济外交战略，从本国经济利益和国家安全出发，经营与发展同南非的经贸关系，实现了互利共赢。事实上，深化与南非的关系一直是印度对非洲实施经济外交战略的重要组成部分，对于印度全面推进大国战略、展示大国形象、争取大国地位具有重要的现实意义。除了南非外，印度与非洲多个产油国如尼日利亚、苏丹、科特迪瓦、加纳和安哥拉等关系密切，努力与各个资源密集型国家扩大商业活动，增加在非洲的市场占有率。

如前所述，南非和印度在地理空间上同属印度洋国家，在国际舞台上都是"金砖国家"的成员，两国多年来在政治和经济上有着历史与现实的稳固基础，在全球政治经济文化事务中有各自特殊的国际影响力。随着印度的大国之梦和强国之路日益清晰，未来南非将成为印度实现印度洋战略目标的战略支点和外部平台，也是印度争取非洲支持和展示大国影响的重要舞台。谋求成为政治大国的印度必将进一步加强与南非的贸易和投资关系，今后这种相互依存和共同发展的格局仍将是印南两国经济关系的主要特点。而且一旦"非洲狮"和"印度象"把地缘经济能力和地缘政治框架结合起来，未来印南合作关系将跃上一个历史新高度。

三 结语

当前，世界经济格局正在发生变化，发达国家的影响力逐渐减弱，而中国、印度和南非等新兴发展中国家的共同崛起将促使整个世界力量逐渐走向平衡。在 2011 年，以购买力平价计算，新兴经济和发展中经济体占全球国内生产总值的比重已经达到 49% 以上，发达经济体和新兴经济体在全球经济中的比重首次实现平衡，21 世纪的世界重心正在东移。但是在世界多极化和"力量的平衡"中很难有哪个特定的国家能够像 19 世纪的欧洲和 20 世纪的美国一样鹤立鸡群。在可以预见的未来，中国、印度和南非的政策着力点都是本国经济发展，主要目标依然是维持发展的成果并解决发展中面临的问题，不断增强经济实力和国际竞争力，以便能够在国际舞台上承担更多的大国责任。从这个角度讲，崛起的中国和印度越来越需要非洲，毕竟 10 亿人口的非洲是一个巨大的市场，54 个成员的非洲在联合国也拥有举足轻重的作用，而南非是中国和印度进入非洲的门户。特别是近年来，南非的发展令人瞩目，政治、金融和投资环境不断改善，增长优势和发展潜力巨大。从另一个角度讲，对于资源丰富的南非，如能进一步与资源相对稀缺的中国、印度建立双边和三边协同合作机制，不仅能够实现互利共赢，也能够促进整个非洲一体化进程。特别是，巴西－俄罗斯－印度－中国－南非"金砖五国"（BRICS）合作机制将使得未来中国、印度和南非的合作得到进一步巩固和提升。

中国、印度和南非都是发展中国家，都是二十国集团成员，在维护地区安全和发展中都扮演着重要角色。中国、印度和南非同样面临着复杂多变的外部环境，三国加强政治互信，在共同关心的地区和国际问题上寻求一致，共同探索解决各种国内外问题的办法和机制，对于促进各国发展和维护整个印度洋地区的繁荣和稳定具有举足轻重的作用。

新世纪印度高调重返
非洲之战略动因管窥[*]

亢　升^{**}◎

【内容提要】　21 世纪以来，印度日益重视发展同非洲国家的关系，对非战略和政策逐渐形成，对非积极外交也备受国际社会瞩目。印度高调重返非洲战略的动因包括实现国民经济持续发展的现实诉求、谋求大国地位的深谋远虑、成就印度洋霸主地位的长远考量，以及长期关注中国发展经验的溢出效应等方面。管窥和客观评析印度重返非洲的动因，有益于我们对印度与非洲关系发展趋势和可能影响作出准确判断。

【关键词】　印度　非洲　印度外交　印非关系

　　近年来，随着印度的崛起及国际影响力的迅速提高，印度外交逐渐受到人们的重视。对印度的非洲外交及印非关系的较多关注，始于 2008 年 4 月的首届印非峰会。非洲长期以来处于世界的边缘地带，在大多数人眼中，非洲只是贫穷和战乱的代名词，谈不上多少价值，印度也一度轻视对非外交。20 世纪 90 年代伊始，印度就把外交战略的重心转向美国和亚洲，非洲在其战略中的地位迅速下降。进入 21 世纪以来，

---

　*　本文是笔者主持的国家社会科学基金项目"新时期印度对非洲外交及对中国的影响研究"（项目编号：10CGJ011）、华南理工大学中央高校基金资助重点项目"新世纪印度对非洲的公共外交及其对中国的启示研究"（项目编号：x2sx2117900）的阶段性成果。
　**　亢升，华南理工大学思想政治学院副教授、史学博士。

印度一改以往对非洲的忽视态度，开始"重新发现"非洲。印度学界认为，印度应从历史机遇的角度出发，重新取得在非洲的地盘。[①] 之后，印度日益重视发展同非洲国家的关系，对非战略和政策逐渐形成，对非积极外交也备受国际社会瞩目。一个显著的现象是，印非双方的合作意愿更加强烈，合作范围更加广泛，双边关系超乎人们的想象。新时期印度缘何如此重视对非洲的外交？印非合作将给国际关系带来何种影响？等等。要理解印度对非洲战略和政策的转向，就需要深入探析印度加强对非外交的动因，这将有益于我们对印非关系发展趋势和可能影响作出准确判断。

一　实现国民经济持续发展的现实诉求

在和平与发展成为时代主题和经济全球化迅猛发展的今天，获取与维护经济利益成为各国外交的重要选择，印度也不例外。印度"外交之父"尼赫鲁总理在印度独立之初就指出："一国的对外政策是其经济政策的结果。在印度正确地发展出经济政策之前，她的对外政策将是模糊和很不发达的，并仍将在摸索之中。"[②] 20 世纪 90 年代之前，印度实行在国家控制和经济发展的基础上达到自力更生和社会公正的经济政策，确立了封闭和半管制经济体制。在这种体制下，印度的国民经济几乎处于闭关自守和慢速增长的状态。20 世纪 90 年代初，印度政府开始对印度经济体制进行改革，明确提出要使印度经济自由化、市场化和全球化，加快了印度经济全球化的进程。从此，印度逐渐将半管制的经济转变为开放的自由市场经济，努力与世界经济接轨，并以经济外交促进经济发展。进入 21 世纪后，印度的对外政策淡化了原有的政治色彩，通过全方位、多元化的经济外交

---

① 胡唯敏：《印度检讨对非外交　欲奋起直追赶上中国影响力》，http：//news. cnnb. com. cn/system/2011/01/20/006820082. shtml，2012 - 03 - 22。

② Jawaharlal Nehru，"Independence Day"，in Jawaharlal Nehru's Speeches，1949 - 1953，p. 7. 转自马缨著《当代印度外交》，上海世纪出版集团，2007，第 39 页。

发展印度经济成为政府外交政策的基调。① 印度的"外交愈来愈具有外视性，不再一味内视，甚至锁国。现在，决定印度外交的不再是道德考量，而是国家利益，尤其是经济利益"。② 而且，在与非洲的交流合作中，印度一直标榜的向非洲输出技术和文化等"软实力"的新模式，若细察不难发现仍然是以经贸往来为依托，实现经济增长目标。因此，作为新兴经济体和处在快速发展"门槛"的印度，构建对非外交战略的首要目标仍是促进其国民经济发展。

首先，印度对非洲矿产资源尤其是能源资源有迫切需要。以石油为例，从国际能源巨头英国石油公司（简称"BP"）最近发布的统计报告来看，以印度目前的储产量比计算，其国内石油仅可开采19.3年。国际能源机构的数据显示，目前印度原油需求的70%靠进口，而且这一数字至2025年将增至90%。③同时指出，印度将在2025年取代日本成为仅次于中美的世界第三大石油进口国。④ 现在，印度已稳居世界原油进口国的第五位。随着印度经济的进一步发展，以及确保45天储备标准目标的实施。印度石油进口量会进一步大增。同时，印度还是一个典型的"缺气"国，天然气储量只占世界总储量的0.5%左右。目前，印度是世界第九大天然气进口国。显然，印度只有通过能源外交才能获取国内发展必需的能源。而与印度隔洋相望的非洲，拥有丰富的石油、天然气和金属矿产等资源。2010年，BP发布的世界能源统计数字显示，非洲石油储量已超过南美跃居世界第二。非洲每天可向国际石油市场提供400万桶原油，每年还为国际市场提供50000公吨的

---

① 沈开艳等：《印度经济改革二十年：理论、实证与比较》，上海人民出版社，2011，第331～332页。
② 比尔·艾摩特：《较劲：中国·日本·印度尼西亚——三强鼎立的亚洲新纪元》，中译本，台北：雅言文化出版有限责任公司，2009，第156页。
③ Fantu Cheru and Cyril Obi eds., *The Rise of China and India in Africa* (London: Zed Books, 2010): p. 187.
④ David Scott., *Handbook of India's International Relations* (London and New York: Routledge, 2011): p. 50.

天然气。①另外，印度还从非洲大量获取黄金、煤炭、化肥、宝石、大理石、棉花和原木等。资源丰富的非洲，能满足印度工业发展所需的能源和各种原材料。

其次，印度需要非洲这个潜在的大市场。不可否认，非洲仍然是世界上最贫穷的大陆。但是，近年来随着非洲各国致力于国内稳定和经济发展，非洲经济的整体表现越来越出色。对印度企业来说，发展相对落后的非洲国家却是向国际市场进军的重要基地。印度学者认为，"尽管非洲贫穷落后，但对印度来说仍是非常重要的地区。占世界人口13%的非洲将为印度打开一个可观的市场。"路透社的一位记者也写道，"对印度制造的不少产品而言，非洲是个现成的市场。"②的确，印度的炼油产品、车辆、钢铁制品、机械设备、粮食和医药产品在非洲都具有很强的竞争力。2001年，双边贸易额只有54亿美元。进入21世纪，印非贸易额迅速增长。到2006年达到118亿美元，2007年升至120亿美元。③2008年为420.4亿美元，2009年受国际金融危机影响，双边贸易额降至344.1亿美元，2010年1~7月，双边贸易额达到211.9亿美元。④印度企业对非洲进行直接投资的兴趣很大，不仅有印度石油天然气公司（ONGC）及维德什有限公司（Videsh Limited）这样的国有企业，还有塔塔集团和马亨德拉集团等大量私有企业。在可预见的将来，印度与非洲的合作会越来越密切，合作领域亦会更加宽广。

再次，印度有向非洲投资的良好契机。非洲国家在发展过程中，强烈要求摆脱被边缘化和与原宗主国间的不平等贸易，重塑基于尊重主权的平等的新型关系。而且，非盟（AU）实施的"多极战略伙伴关系"政策，谋求摆脱依赖西方的状况，更多地重视发展同新兴经济体的关系，希望分

---

① Fantu Cheru and Cyril Obi eds., *The Rise of China and India in Africa* (London: Zed Books, 2010): p.188.

② 王雯甜：《印度非洲"大跃进"》，《21世纪经济报道》2008年4月10日第4版。

③ 任彦：《印度将主办印非峰会》，http://news.xinhuanet.com/world/2008–02/13/content_7594341.htm，2012–1–14。

④ 顾学明主编《大国对非洲经贸战略研究》，中国商务出版社，2011，第154页。

享新兴经济体快速发展的成果。非盟主席科纳雷说，印－非峰会凸显非洲在平等地位上缔结伙伴关系的愿望，"我们不想再让他人骑在我们的头上发号施令，任何人都不能再对我们指手画脚"。① 因此，同印度、中国等新兴经济体发展关系成为非洲国家或地区发展对外关系的重点。面对正在崛起中的印度，非洲国家欢迎来自印度的投资和技术。就农业生产领域来看，印度是世界上第二大水果和蔬菜生产商，在生物科技研发和应用方面展示出巨大潜能和丰富经验。非洲土地肥沃，水源充足，但很多国家却由于食品短缺而遭受饥荒。因此，非洲希望从同属热带的印度得到更多的农业技术。非盟轮值主席坦桑尼亚总统基奎特说："目前非洲的农业还是小农经济，停留在传统的耕作方式上，生产力很低。假如我们能够提高非洲农业的生产效率，那么非洲就不但会在粮食上自给自足，而且还能把大量的剩余粮食卖给世界其他国家。印度拥有先进的技术和技能，如能跟非洲分享，肯定可以帮助推动非洲的'绿色革命'。"② 再如，非洲急需外界帮助其开发人力资源和改善医疗卫生条件，印度在这些方面有一定的经验和优势。显然，印非之间商品的强互补性，成为吸引印度对非外交的主因之一。

二 谋求大国地位的深谋远虑

印度的大国地位追求是其拓展对非外交的精神动力。印度悠久的历史和独特的文明，曾使印度处于文明中心的位置，这种文化优越感的历史积淀使印度人总有争当大国的潜意识。科亨写道："印度跟中国一样是一个文明古国，拥有多种文化、社会结构，对历史的认识有其独特的见解。这些特点使其国民自有一套独特的价值观、印象观和世界观，他们认为印度

---

① 戴严：《印度加强与非洲关系》，载《中国经济时报》，http: //finance. sina. com. cn/j/20080529/01254921546. shtml，2011 – 11 –3。
② 印度时报：《印度和非洲可以成为世界粮仓》，http: //www. stnn. cc/pol_ op/200804/t20080409_ 759878. html，2012 – 2 –28。

具有深邃的思想和独特的价值观，印度（和印度人）在世界上拥有对其他国家指手画脚的资本。"①长期的殖民地历史并没有泯灭印度人的这种自我定位，相反，反英独立斗争的胜利及英属印度时期奠定的经济与政治基业，更使印度人以世界大国自居。印度人就是带着这种自傲与自恋情结步入了现代。早在独立前，尼赫鲁就在其《印度的发现》一书中憧憬了印度未来的大国地位。"印度以它现在的地位，是不能在世界上扮演二等角色的。要么做一个有声有色的大国，要么销声匿迹，中间地位不能引动我，我也不相信中间地位是可能的。"②印度独立后，以开国总理贾瓦哈拉尔·尼赫鲁为首的政治家们在严峻的国内外形势面前，特别是在印度国内问题重重的情况下，仍开始了印度大国梦想的实现历程。在此后的几十年中，世界大国地位始终是印度追求的国家战略目标。拉吉夫·甘地一当上总理就提出"以实力求和平"，巩固印度地区大国地位，进而开始实施向"印度洋大国"及"世界大国"目标迈进的战略。拉奥上台后，全面进行经济改革，欲建经济大国。以瓦杰帕伊为代表的印度人民党在1998年取得执政地位后，毅然摈弃了自20世纪80年代以来国大党政府实行的温和的大国外交政策，积极发展军事力量，全力推行军事大国战略。瓦杰帕伊政府提出要重新审视"国家面临的军事和政治威胁"，印度将保留"使用一切选择的权力"，在"国际事务中印度要得到与其面积和能力相符合的地位"。③但是，由于实力的局限，印度的影响力长时间还仅局限于南亚大陆。

　　21世纪以来，综合国力的增强和国际地位的提高重新点燃了印度的大国梦想。印度战略圈内多次进行国家大国定位主张的讨论，政府高官亦多次发表争当大国的讲话，并为此倾注了大量的外交资源开展全球外交攻

①　Stephen Philip Cohen, *India*: *Emerging Power* (Washington D. C.: Brookings Institution Press, 2001): p. 8.

②　尼赫鲁:《印度的发现》，世界知识出版社，1956，第57页。

③　张文木:《印度不可能成为美国的朋友》，http://www1chinanews1com1cn/shidian/2002 - 06 - 01/txt/331htm。

势，并把它作为近期印度外交战略核心目标之一。2002 年，时任印度副总理的阿德瓦尼两度发出 "21 世纪属于印度" 的豪言壮语，总统卡拉姆也表示 "印度总理要与八国首脑平起平坐"。2004 年 3 月，总理瓦杰帕伊发表 "构筑'印度世纪'" 的主题演讲。印度《经济时报》在 2005 年初刊文称，印度世纪晨光初现。一部分印度政治家把 21 世纪描绘为 "亚洲世纪"、"印度世纪"。① 而且 "在当今的印度，实现大国地位已经上升为一种国家意志"。② 但是，印度政治家也意识到，印度的国际影响力既取决于其国内实力的增强，也取决于它的外交战略，不能仅仅局限于建国以来争当南亚大国的目标。过去的几年里，印度一方面突破囿于南亚区域大国的战略，积极在全球展开务实外交，在国际舞台上寻求与多国和多边国际组织建立牢固关系，想方设法要挤进联合国安理会。另一方面，印度以将自己变成国际机制的塑造力量为目标，积极参与国际活动，努力使其外交多样化和国际化。除重视与美国、日本、欧盟、中国等大国或地区的关系外，与亚洲、非洲和拉丁美洲的发展中国家和新兴工业化国家发展关系亦成为印度政府的重要任务。

博取非洲国家对其外交的支持，是实现大国目标的有效手段。非洲不仅有丰富的矿产资源，而且近些年来联合自强战略持续推进，经济增长加快，安全形势总体趋稳，外交更趋活跃和务实，在世界战略格局中的地位明显提升。基于非洲在当今国际战略格局中地位的这种变化，印度开始认识到非洲不仅是其国内经济加速发展的资源供应地和未来市场，而且也是印度扩大国际影响力的重要舞台，更重要的是，非洲是印度争取联合国安理会常任理事国最大的 "票箱"。非洲在联合国拥有 54 票，印度要在联合国安理会获得席位，就必须获得非洲的选票支持。印度要实现它的"大国梦"，也需要非洲的支持。加强同非洲的合作关系是印度大国战略的重要一环。曼莫汉·辛格总理曾说："除了印度和非洲，没有人能更好

---

① 温宪等：《世纪争论 21 世纪属于谁》，《环球时报》2010 年 1 月 8 日。
② 孙士海：《印度的发展及其对外战略》，中国社会科学出版社，2000，第 2 页。

地理解建立国际制度的迫切需要，以反映出现的现实情况，建立更公平的全球经济和政治体系。"印度外交部的一名高级官员则说得更为直白："非洲国家在联合国大会上是一股庞大的势力，如果印度想在联大安理会上争得一席之地，这个集团的支持是举足轻重的。"[①] 此外，非洲问题在很多国际会议上已经成为一个主要议题，国际社会有一不成文的共识，即帮助非洲脱贫、履行"联合国千年发展目标"等国际义务是走向大国的阶梯。因此，除了争取非洲国家对其"入常"的支持外，印度也把非洲看成是施展大国影响力的重要舞台。这些势必促使印度加强对非洲的外交攻势。

三 成就印度洋霸主地位的长远考虑

印度洋是贯通亚洲、非洲、大洋洲和南极洲的海上桥梁，又是连接大西洋与太平洋的交通要冲。仅以石油运输为例，据统计，美国石油的18%、西欧石油的40%和日本石油的80%都途经印度洋进口，而且比重呈上升趋势。环印度洋地区还有丰富的石油和矿产资源，已探明的石油储量占世界石油总储量的2/3。20世纪初，美国著名的海权论倡导者马汉曾经预言，谁控制了印度洋，谁就控制了亚洲，21世纪世界的命运将在印度洋上见分晓。因而，印度洋成为近代海权国家角逐的舞台。对印度来说，印度洋的战略地位更为重要，印度贸易量的95%和贸易额的75%以上都须通过印度洋。印度首任驻华大使、著名外交家潘尼迦在《印度与印度洋》一书中写道："印度是一个具有半岛特点的国家，它的贸易主要依赖于海上交通，这就使得海洋对其命运具有极大的影响。印度的未来有赖于保持这个海区的自由。因此，印度的安危系于印度洋，民族的利益在印度洋，来日的伟大也在印度洋。""印度海上战略的长期目标应是成为海权国，足以独立地在安危攸关的海上捍卫本国的利益，而执牛耳于印度

---

① 时宏远：《印非峰会背后的印度利益诉求》，《国际资料信息》2008年第5期，第33页。

洋地区。"① 印度西部舰队前司令凯拉什·科利（Kailash Kohli）曾说，"历史教给了印度两个苦涩的教训：一是印度对海权的忽视导致主权的丧失；二是一段时间以来由于对海权的轻视而致海军力量微不足道。现在已是我们重新考虑海权的时候了。"② 20 世纪 90 年代的海湾战争和科索沃战争，以及"9·11"事件后美国打击阿富汗的军事行动，使印度政要和战略家们更加认识到制海权对于印度国家安全所具有的生死存亡的意义，故印度洋被他们称为印度的"命运之洋"、"未来之洋"。对印度来说，一旦遭遇不测，海上通道受阻，其后果不堪设想，因此，无论是维护海洋权益，还是争霸世界，印度都要能有效地控制印度洋。地缘、资源、战略和政治经济等意义，促成了印度实施印度洋战略。基于这种认识，夺取对印度洋的控制权，使印度洋成为印度的内湖，是印度长期追求并在 21 世纪为之奋斗的战略目标，也是印度推进大国战略的关键步骤。随着印度综合国力的迅速提高，印度加快了"印度洋控制战略"的实施步伐。

印度国土伸向印度洋纵深 1600 多公里，像一艘永不沉没的航空母舰，地理位置极为优越。印度正是凭借着它处于北印度洋中心的地理优势和近些年发展起来的海军力量，基本上取得了对孟加拉湾和阿拉伯海即北印度洋的控制权。但要进一步取得对整个印度洋的控制权，把印度海军的势力范围伸向更遥远的西南印度洋最为关键。在印度海军的宏伟规划中，向印度洋的西部和南部扩张不仅是印度海军"远洋歼敌"战略的基础和核心内容，更是其"控制印度洋"战略进而争当世界性大国总体战略的重要组成部分。印度清醒地认识到，要达到这一战略目的，除了建立一支现代化的远洋攻击型海军外，还涉及地缘战略国家的存在。1998 年印度人民党上台后大力扩充军事力量，海军成为重点发展的军种。同年 5 月，《战略防卫评论》发表了印度新的海军战略。1999 年，印度军费预算比过去

---

① 〔印〕潘尼迦：《印度和印度洋》，世界知识出版社，1965，第 89 页。

② David Scott，"India's 'Grand Strategy' for the Indian Ocean：Mahanian Visions"，*Asia-Pacific Review*，Vol. 13，No. 2，2006，pp. 97 – 129.

增加了 14%，其中海军军费由 14.5% 增长到 17%。2004 年 6 月 23 日，印度历史性地公开发布了服务于经济发展需要的新时期战略性纲领文件——《印度海军理论》，对印度海军未来的战略思想、战略目的、发展规划和军备建设作了全面的阐述。2007 年 5 月出台的以"自由使用海洋"为核心的《印度海军战略》，对"理论"和"战略"进行了解释。而且对加快推进印度海军装备现代化、先进武器装备自主化、提高海军人员素质等作了详尽的说明。至此，印度的海军战略基本形成。① 印度的国家安全不再仅限于次大陆，其日益扩展和形成的安全边界囊括了邻近国家、水域和整个印度洋。②

因此，从 20 世纪末开始，印度海军就逐步超越其传统的近海区域进行更深远的力量部署，构建在印度洋上的海上堡垒，为其海军发动远洋攻击提供跳板。此时，印度海军的主要使命是外交而非进行战斗，印度必须系统地培育与几个关键国家的密切关系，这些国家能在未来的冲突中为印度海军提供帮助。近年来，印度战略决策者针对印度洋洋面辽阔、中间岛屿较少、难以进行有效军事部署的情况，提出了首先控制周边海域，进而逐步控制印度洋的战略思想。印度海军以非洲岛国作为其在印度洋中部的基地群，平时为印度提供各种情报和通讯信息，在战时就成为印度海军在印度洋南部海域实施远洋作战的重要保障。然后以此为中心点，向印度洋西部和南部辐射军事力量，同时积极加强同埃塞俄比亚、索马里、肯尼亚等非洲之角国家以及坦桑尼亚、莫桑比克和南非的合作关系，进一步扩大在这些印度洋沿岸非洲国家的军事存在，使得印度海军在整个西南印度洋上形成了以非洲岛国为中心点，以非洲东海岸国家为弧的圆弧状势力范围，极大地强化了对整个西南印度洋的控制权。这一海上军事部署正是印度"先控制周边海域进而控制整个印度洋"战略思想的重要体现。

---

① 陶亮：《印度的印度洋战略与中印关系发展》，《南亚研究》2011 年第 3 期，第 56~58 页。
② Jason J. Blazevic, "Defensive Realism in the Indian Ocean", *China Security*, Vol. 5, No. 3, 2009, pp. 59–71.

　　非洲岛国毛里求斯、塞舌尔和马达加斯加就是印度寻求密切关系的关键国家，这些国家在印度21世纪的海上战略布局中的地位异常重要。毛里求斯被誉为"印度洋上的明珠"和"印度洋门户的一把钥匙"；塞舌尔地处亚非欧三大洲中心地带，是亚非两大洲的交通要冲，两个岛国在印度洋上都有着非常重要的地缘战略位置。印度同意为岛国塞舌尔建造一个沿海雷达系统，同时提供一架"道尼尔－228"海上侦察机、一艘海上巡逻艇和一架"猎豹"直升机，以帮助其对付索马里海盗。另外，印度还承诺向塞舌尔提供价值数百万美元的其他军事援助。印度军舰的访问更加频繁，军队加紧向塞舌尔渗透。[①] 一旦印度在毛里求斯和塞舌尔两个群岛国家租设海军基地，就会极大地扩充印度海军在印度洋上的势力范围，它们能帮助印度有效封锁马达加斯加与印度半岛最南端海域之间的宽阔洋面，甚至对夹在中间的美国迪戈加西亚海军基地形成钳制态势，从而达到威慑唯一能与印度海军在印度洋上抗衡的美国海军的战略目的。马达加斯加是印度洋西南部的一个岛国，地理位置也十分险要，扼守着国际重要航道莫桑比克海峡，与好望角一起成为沟通大西洋与印度洋的战略要地。如果印度在马达加斯加建立海军基地，设立电子监听站，就将使印度海军的监控范围一下子向南延伸近4000公里，非洲东部海岸、莫桑比克海峡以及中南部印度洋的大片海域从此将纳入印度军方的监控视野，印度海军在该海域的活动也将会得到有力的情报支撑。事实上，印度海军一直都在积极筹划在马达加斯加和毛里求斯建立海军基地和电子监听站，而且据印度媒体透露，设在马达加斯加北部的电子监听站已于2007年7月启用。控制了印度洋，印度的战略空间大大扩展，无论对经济还是安全，无论在国内还是在国际，其影响力都会大大增强。这样，印度的安全边界是从马六甲海峡到霍尔木兹海峡，从非洲海岸到澳大利亚西海岸。为了真正实现控制印度洋的战略目标，与东、南非洲国家加强关系成为印度外交的一个重点。

---

① 美国战略之页网站：《印度军队加紧向塞舌尔渗透》，载《参考消息》2012年2月25日第5版。

对于濒临印度洋的非洲国家，印度根据这些国家的地理位置、战略重要性、传统友谊及现实需要等，确定其地位及与其发展关系的模式。一些国家成为印度大国战略和印度洋战略实现的支柱国家，印度向它们提供军事装备与培训，邀请举行联合军事演习，或通过经济、政治和文化等多管齐下的手段①加强与这些非洲国家的合作。可见，在新时期，印度将发展与部分非洲国家的关系与其印度洋战略和军事安全联系起来，对非外交还会进一加强。

四　长期借鉴中国经验的溢出效应

对于印度来说，无论是其国内的稳定与发展，还是其大国外交目标的实现，都必须考虑中国因素，都将中国作为参照。作为两个崛起中的大国，中印在国际舞台上的竞争在所难免。能源领域的竞争最为激烈，如在尼日利亚、安哥拉等。印度外长将中国的崛起描述为新德里最主要的安全挑战之一。② 加之中国近年来为维护其海上通道安全与海外利益，在印度洋承担的巡航任务，在非洲的积极外交，均使印度和西方的学者与媒体认为，中国是影响印度在21世纪初加强其非洲外交的重要因素之一。"最近，世界媒体和印度的相关媒体部门开始倾力报道有关中国雄心勃勃的对非外交活动，中印之间的比较在所难免。"③印度学者认为，印度传统上在非洲的影响要远大于中国，但随着20世纪90年代初印度的战略重心转向大国和对非外交的不重视，印度在非洲的影响力被中国取代。现在中国在非洲的影响力已经远远超过印度。今天当印度要重新取得在非洲失去的地盘时，正好与中国迎头相撞。印度承认，中印在获取非洲石油和保障石油

---

① 丁丽莉：《第二届印度－非洲论坛峰会评析》，《国际资料信息》2011年第7期，第32页。
② 师学伟：《21世纪初印度大国理念框架下的亚太外交战略》，《南亚研究》2011年第3期，第75页。
③ Atish Sinha, Madhup Mohta, *Indian Foreign Policy: Challenges and Opportunities*, New Delhi: Academic Foundation, 2007, p.522.

运输线的安全方面存在明显竞争。

　　而且从目前的竞争态势看，印度在非洲的竞争中处于劣势，中非关系较印非关系更为密切。中国与非洲的政治往来非常频繁，经贸关系不断提升，目前中非贸易额是印非贸易额的两倍；印度企业在非洲与中国同行的竞争中往往败多胜少。近年来，中国公司在非洲的影响力日渐扩大，相比之下，印度企业在非洲很多国家的地位却无足轻重。与中国企业在非洲的庞大建设项目相比，印度企业根本无法与之竞争，而且印度也不具备与中国竞争的实力。印度在对非外交中还存在短视行为。如中国在西部、中部非洲有 22 个使馆，而印度在相同地区只有 6 个使馆；中国有多家大学和研究所专门研究非洲的方方面面，而印度的研究机构却很少有专门的非洲课题；等等。①

　　尽管印度官方否认印非合作的中国因素，如总理曼·辛格表示，印度与非洲的合作"不针对中国和任何国家"；印度外交国务部长阿南德·夏尔马也称："印非关系是独特的、不同的，能经受住时间的考验。不应与任何其他国家相比较。"② 但是，在"印非峰会"召开之际，"中国"这个词频频出现在各种媒体的报道中，其意是不言而喻的。外界看法也与印度官方表态迥异。位于伦敦的智库皇家国际问题研究所新发表的一份报告指出，印度对中国发展与印度洋非洲海岸国家关系感到担忧，因为印度认为非洲是它的后院。印度试图以举办印非峰会抵制中国在非洲逐渐增长的影响力。BBC 国际新闻记者尼克·蔡尔兹说，在主办印非峰会时，印度似乎在追随中国——两年前，中国主办了一个开拓性的与非洲的峰会。③因此，印度将对非外交置于重要地位并强力促成印非合作，中国因素不可低估。

---

① Atish Sinha, Madhup Mohta, *Indian Foreign Policy: Challenges and Opportunities*, New Delhi: Academic Foundation, 2007, p. 523.
② 王耀东：《印度总理辛格终向非洲打开"钱袋"曾只说不做》，http://news.sohu.com/20080410/n256200885.shtml，2012 – 01 – 14。
③ 新华网：《外媒：印度"追随中国"举办印非峰会》，http://news.xinhuanet.com/world/2008 – 04/09/content_ 7945464.htm，2012 – 01 – 14。

五 结语

　　印度之所以能突破囿于南亚大国的战略目标，积极发展包括非洲在内的全方位外交，全面扩大其国际影响和争取实现国家利益，在于印度综合国力的增强和国际地位的提高为其对非外交提供了力量支撑。印度重返非洲并加强对非外交是有便利条件的。一方面，进入 21 世纪后，世界政治多极化进程加快，国际形势总体缓和，和平与发展成为时代主题，国家之间通过合作求发展成为世界趋势。另一方面，随着经济一体化和全球化的发展，国家间相互依赖的程度空前提高。为了增强实力，世界主要国家一方面制定自身发展战略，另一方面调整与其他国家的关系，协调、协商、对话并建立各种形式和内涵的伙伴关系成为国际外交的主旋律。而且，无论从历史来看，还是从现实来看，印度参与非洲地区合作的前景都是比较好的，在能源、经贸、农业、军事、人力资源培训等多方面存在着广阔合作空间。总而言之，印度具有对非洲外交的有利客观背景和条件，又有强烈的动机，对非洲的政策和外交将是印度总体外交的重要组成部分，印度政府会不断调整其非洲政策，并逐步形成一套具有明确目标的对非政策，从而为印度国家利益的维护和战略目标的实现奠定坚实基础。

澳大利亚矿产资源租赁税政策对中国的启示[*]

杨树琪　徐静冉[**]◎

【内容提要】　征收租赁型资源税是世界各国资源税改革的新趋势，澳大利亚政府的矿产资源租赁税改革伴随着各种利益博弈获得了成功推行。其中，一条重要的经验就是视自然资源为全体澳大利亚人民的共同财富，政府有权对私人企业在开采这些公共资源时所获得的超额利润征税，因征收资源使用费稳定不变，不能有效反映企业的赢利能力，且矿业主支付的特许使用费呈下降趋势，政府并未从矿产业的繁荣中分享到更多的收入，这就增强了澳政府出台矿产资源租赁税的信心。但是，改革的阻力来自反对党派、来自矿业巨头及其他资源开发企业。如何协调各方利益赢得公众支持，关键在于制定矿产资源租赁税的政策目标、制度框架及其政策导向，有效发挥税收政策功效，改革中的许多经验与教训值得中国政府借鉴。

【关键词】　澳大利亚　资源租赁税　政策目标　税收政策　启示

目前世界各国资源税主要分为三种，第一种是产出型资源税（output-

---

　* 本文为云南省哲学社会科学规划基金（基地）重点课题《促进云南省经济与生态协调发展的资源税制度研究》（课题编号 HZ2009010）的前期研究成果。

** 杨树琪，男，1962 年生，云南玉溪人，云南财经大学财税研究所教授，硕士生导师，主要从事财税理论与政策研究；Email：ynntax@163.com。徐静冉，女，1985 年生，辽宁大连市人，中央财经大学博士研究生，研究方向为税收政策，现在澳大利亚莫纳什大学（联合培养）在读博士，研究澳大利亚税收理论与政策。

based tax），即对加工过的矿石或未加工的原矿从量定额征收或者从价定率征收；第二种是租赁型资源税（rent-based tax），即对所获得的经济租（又称超额利润）按照一定税率征收；第三种是收入型资源税（income-based tax），它是对矿产项目的净收入征税，既对超额利润征税也对正常利润征税。澳大利亚现行征收的矿产使用费和中国的资源税都属于产出型资源税。早在20世纪70年代，挪威政府就对石油部门征收78%的资源租赁税，实践表明，对石油部门的负面影响较小；加拿大安大略省和萨斯喀彻温省、美国的内华达州和亚利桑那州、丹麦以及挪威相继对部分资源按利润征收资源租赁税。澳大利亚政府推出矿产资源租赁税，标志着新税制度在税收博弈中获胜[①]。因矿产资源租赁税提案被公认涉及时任总理的陆克文下台等政治背景，且为全球最大的铁矿石和冶金煤出口国（分别占全球市场份额的40%和60%），澳大利亚矿产资源租赁税改革备受业界普遍关注。

一 澳大利亚矿产资源租赁税改革的背景

（一） 澳大利亚矿产资源状况

澳大利亚已探明拥有大量地表矿产资源，是世界主要资源富集型矿业国之一，拥有世界上对经济贡献最大的褐煤、铁、铅、矿砂（金红石、锆石）、镍、银、铀、铅和锌等矿产储备，且地表矿基多。其中，铝土石、铜、金和铁矿石的储备位居世界第二，矿产品年出口额占整个出口额的37.6%。已探明石油储量世界排名为第26位、天然气储量世界排名为14位，按照当前的生产率可以持续开采65年。印度、中国等国对矿产资源需求量的增加以及矿产资源价格的上涨，使得澳大利亚贸易水平高于过去10年的平均值[②]。由此可见，澳大利亚是一个资源依赖型经济体，在2008～2009

---

① E. Rodgers, "Rudd left out of Gillard's reshuffle", ABC News (28 June, 2010). available at: www. abc. net. au/news/stories/2010/06/28/2938876. htm.

② Department of Treasury, "Australia's Future Tax System: Final Report (the Henry Tax Review)", 2 May, 2010. available at www. futuretax. gov. au.

财年[①]，矿业增加值为国内生产总值的增长贡献了近 8 个百分点；2010～2011 财年，商品出口额达到 1698 亿澳元，增长了 28.4%。[②] 北领地、西澳和昆士兰三个州的矿产资源最为丰富，这三个州都曾是澳大利亚的偏远、贫穷地区，矿产为这些地区带来了丰厚的收入和良好的基础设施建设，矿业的迅速发展使得这些原本经济发展缓慢的州在过去的几年里迅速崛起。

（二）澳大利亚资源租赁税改革背景

澳大利亚普遍征收的自然资源使用费，一直是矿业公司支付给各州和北领地政府（简称各州政府）的一项税，包括陆上自然资源、三海里以内的离岸自然资源以及由澳大利亚政府控制的在此区域以外的自然资源。[③] 而矿产资源租赁税改革主要源于：一是各州政府征收自然资源使用费的税基各不相同，主要按照从量定额、从价定率或利润分别征收。其中，各州政府从量定额和从价定率的居多，以维多利亚州为例，褐煤的使用费为 5.88 分/吨，只有北领地以利润为税基征收自然资源使用费，同时自然资源使用费收入也是资源丰富的各州政府收入的主要来源。二是在应对全球金融危机中，澳大利亚政府采取了一揽子刺激经济计划，使得澳大利亚财政预算赤字逐年增加。2010～2011 财年财政赤字也占 GDP 的 2.9%，但低于 2010 年其他 OECD 成员国 9.5% 的赤字水平。澳大利亚政府在全球金融危机后仍积极寻找削减财政赤字的方法，以利润为税基的税收改革将是政府主要增收路径，能有效消除政府未来几年内的财政预算赤字。随着资源租赁税的正式开征，澳政府预计在 2013～2014 财年每年通过资源租赁税获得 110 亿～150 亿澳元的财政收入；通过企业所得税减免，总量从原来的 30% 下降至 29%；而新增税收收入将用来增加养老保

---

① 澳大利亚的财政年度从每年的 7 月 1 日开始，至次年的 6 月 30 日为止。

② 资料来源：数据来源于澳大利亚政府官方网站并做了计算整理。

③ The Senate Committees, "The Mining Tax: A Bad Tax Out of a Flawed Process Report", 27 June 2011. available at http://www.aph.gov.au/Parliamentary_ Business/Committees/Senate_ Committees? url = scrutinynewtaxes_ ctte/national_ mining_ taxes/report/index.htm.

险金、提供新的基础设施和减少营业税计划。[①] 同时，澳中央与地方政府财政收入的增长，将为矿产资源租赁税的顺利实施提供财力保障。三是从资源使用费与超额利润税对政府贡献机制看，近 10 年来，澳大利亚矿产需求强劲增长，矿石资源价格持续走高，矿产企业通过开采矿产资源获得高额的超额利润，称经济租（Economic Rents），经济租的存在会吸引新企业的加入，增加供给并使其价格下降，从而使利润回到正常水平。[②] 然而，澳大利亚政府认为，由于非可再生资源的有限性和垄断性使得经济租在资源部门持续存在，自然资源是全体澳大利亚人民的共同财富，政府有权对私人企业在开采这些公共资源时所获得的超额利润征税，因资源使用费稳定不变，不能有效反映企业的赢利能力，且矿业主支付的特许使用费呈下降趋势，政府并未从矿产业的繁荣中分享到更多的收入，从而增强了澳政府出台矿产资源租赁税的信心。

（三）澳大利亚矿产资源税收改革的制度背景

从经济学角度来看，投资的有效性体现在投入产出成正比发展。以利润为税基的税种比矿产资源使用费更加中性，不会改变私人投资和生产决定，不会造成经济扭曲或无谓损失。政府对利润征税，意味着政府将分担企业投资的部分风险，矿产企业的投资风险下降；鉴于以产出为税基的使用费不能保证中性原则，矿产勘探面临高额的初始成本并且由于这种勘探行为的投机性而面临着较高风险，矿产资源使用费并未反映出资源开采项目这种投资和生产的高成本和高风险性，影响着企业的投资决策，不利于鼓励企业从事较高风险的矿产储藏或开采成本高昂的项目。同时，由于矿产资源使用费不考虑投资生产成本，使得许多利润较低的小型矿业主承担

---

① Common wealth government，"2010 – 2011 budget"（2010）available at：www. budget. gov. au/ 2010 – 11/content/bp1/html/bp1_ bst4. htm.

② The Parliament of the Commonwealth of Australia，"Minerals Resource Rent Tax Bill 2011 – Explanatory Memorandum"，2011，available at：www. budget. gov. au/2010 – 11/content/bp1/ html/bp1_ bst4. htm.

更高比例的资源使用费，在一定程度上阻止了小型勘探与生产活动，影响着储量小、矿产资源零星分布矿点的开发利用。相对于资源使用费，以利润为税基的税种具有反周期性的性质，在经济高速增长时征收更多的税，经济低迷期缴纳较少的税，税收收入总额随着价格上涨导致的利润增加而增加，随着价格下降导致的利润下降而下降，使得企业的应付税款更加稳定。因此，利润税在经济中起到了平滑商业周期波动的作用，并且帮助政府在长期维持稳定的支出水平，经济学理论进一步佐证了澳大利亚政府制度决策中，资源超额利润税比资源使用费更加中性，不会扰乱企业主投资生产的战略决策等决策评估结论。

从环境保护、可持续发展的制度化背景看。一个国家经济繁荣过度依赖于自然资源是不可持续的，资源富集型国家常常无法将来自矿业的短期经济收益转化为长期经济增长，呈现"资源诅咒"（nature resource curse）；来自矿产业的政府收入的代际分布是不均等的，当自然资源储备即将枯竭，政府用于维持自然资源储备、用于环境恢复与治理的支出将大大增加，导致出口产业转变（从传统的制造业和服务业的出口向矿业出口转变）。① 近年来，澳大利亚已经表现出"双速度经济"（two-speed economy）特征，自然资源丰富的昆士兰和西澳正经历持续的经济增长，而原本富有但自然资源匮乏的各州经济增长速度减缓。一旦矿业成为这些迅速崛起地区的唯一产业，当资源枯竭时这些地区的环境保护与可持续发展命运令人担忧。征收超额利润税将增加矿业公司的税收资金支出，受矿业影响的产业可以得到从矿业获得税收的再投资，基础设施和非矿业部门将保证澳大利亚在资源繁荣过后仍能维持经济增长。② 分析认为，这就是促成澳大利亚政府决心改革，征收超额利润税的制度基础。

① James. Goodman, "Australia's Resource Curse: Social Division, Political Capture and Ecological Crisis", 103 Chain Reaction 9 (2008) available at: www.sixdegrees.org.au/content/australias-resource-curse-social-division-political-capture-ecological-crisis.
② T. Sarker, E. Whalan, "Australia: Reform Issues in Mineral Tax Policy for Economic Development: The Mineral Resource Rent Tax in Australia", Bulletin for international Taxation, 2011 (65) 1. available at: www.aph.gov.au/Parliamentary_ Business/Committees/Senate_ Committees.

二 澳大利亚矿产资源租赁税的政策目标

（一）资源租赁税的提出

资源租赁税（the Mineral Resource Rent Tax，MRRT）又叫布朗税（Brown Tax），由 Cray Brown 于 1948 年首次提出，是对收入和支出的差额按固定百分比征收的一种税，是一种现金流税（cash flow tax）。当现金流为正，政府获得税收；当现金流为负，政府对企业即刻进行税收返还。布朗税的税率取决于政府征收经济租的比例以及政府提供的税收返还的价值，能够使得政府按照合适的税率分享矿产项目的利润，分担成本。但是布朗税缺乏可操作性，因为政府无法做到及时返还税收，多数政府大多寻找其他税种来替代布朗税，并达到相同的经济效应。Garnaut-Clunies-Ross 型矿产租赁税就是一种用于替代布朗税，并达到相同经济效应的税种。由澳大利亚经济学家 Ross Garnaut 和 Anthony Clunies-Ross 在 1975 年提出，[①] Garnaut-Clunies-Ross 型矿产资源税就一个项目的正现金流或利润征税，但是企业的负现金流或亏损却不予返还税收，为弥补这一不足，亏损可以结转下年并且通过乘以一个利率来"提高"，并在下一年度用于抵扣正的现金流。资源租赁税的正式提出与论证是在"澳大利亚未来税制评述（the Australia's Future Tax System（AFTS）Review）报告（2008）"[②] 中，报告指出，开采非可再生能源的最优税率取决于要求报酬率，对矿产主超过 6% 的利润回报率征收 40% 的税收，而 6% 正是澳大利亚国债利率或称无风险利率，6% 的利润回报率远远低于对石油征收的资源租赁税（Petroleum

---

[①] R. Garnaut and A. Clunies-Ross, "Uncertainty, Risk Aversion and the Taxing of Natural Resource Project", *Economics Journal* (1975).

[②] 澳大利亚未来税制评述被简称为"亨利税收评述"（the Henry Tax Review），2008 年开始由亨利教授向财政部报告，并于 2010 年 5 月 2 日年形成最终报告，该报告对澳大利亚的税制进行了全面而详细的分析和评述，旨在建立更加强大、公平、简单的税收体系，为未来澳大利亚未来十年的税制改革指明了方向，www. futuretax. gov. au。

Resource Rent Tax，PRRT），石油资源租赁税对超过21%的利润回报率征税，意味着随着资源超额利润税的引入，矿产企业总体有效税率将从42%增加到57%。[①]

（二）矿产资源租赁税改革目标

澳大利亚矿产资源租赁税征税目标是铁矿和煤矿的超额利润。澳大利亚两大矿业巨头必和必拓与力拓的最大股东都是海外投资者，巨额利润中的相当一部分流失海外，澳大利亚政府认为矿产资源是国民财富，时任总理的陆克文决定改革资源税制度。2010年5月，陆克文政府推出矿业税改革方案，拟对矿企征收40%的"资源超额利润税"（RSPT），要求矿业企业须将其开采不可再生资源所获利润的40%缴为税收，该方案遭到矿业巨头的联合抵制，澳大利亚政府与企业主们的博弈开始上演。

2010年5月2日"澳大利亚未来税制评述"正式出台，陆克文政府当天提出资源超额利润税改革。不同点在于，澳大利亚资源超额利润税并未替代原来的矿产使用费，而是与资源使用费平行征收。这一改革方案一经提出就遭到了矿产企业的强烈指责，主要指责集中于对高于6%的利润回报率征收高达40%的税收这一重要细节没有征求矿产企业的意见；[②]矿产主们认为6%的利润回报率对于矿产企业而言太低，因为矿产的勘探、开采和生产要面临的风险很高，获得的风险报酬率应高于无风险报酬率。矿产主们还认为尽管资源超额利润税有强大的经济理论作为支撑，有利于澳大利亚的长期利益，但是对于对澳大利亚经济有如此重大贡献的矿产企业而言，仅仅考虑税收的经济效益是不够的，政治和社会因素同样要考虑

---

① 对澳大利亚离岸石油天然气项目征收石油资源租赁税（PRRT），也是 Garnaut -Clunies-Ross 型资源租赁税，于1988年1月15日开始实施。

② P. Hartcher，"Wild burst of anger shears Labor"，*Sydney Morning Herald*（24 June，2010），P. Hartcher. available at：www. smh. com. au/opinion/politics/wild-burst-of-anger-shears-labor-20100623-yzey. html.

在内。在 2010 年 6 月 23 日的民意调查中,澳大利亚政府的支持率从 53%
下降到了 47%,致使澳大利亚工党自 2006 年以来首次在竞选中失利,陆
克文总理失去了执政联盟的支持,工党右翼组织支持吉拉德成为总理。陆
克文宣布竞选失败,辞去总理职位,吉拉德重组内阁①。普遍认为陆克文
下台的主要原因就是其支持征收资源超额利润税,矿产企业公开对吉拉德
的当选表示欢迎,认为对她的任命反映了工党对税收的关注。

澳大利亚政府与三大矿业巨头②展开了谈判,小型矿产主和中资企业
并未被纳入谈判范围。在吉拉德上台仅一个星期后的 2010 年 7 月 2 日,
矿产资源租赁税提议正式取代了资源超额利润税。最终,澳大利亚政府充
满争议的矿产资源租赁税法案于 2012 年 3 月 19 日晚获得通过,自 2012
年 7 月 1 日起实施。并决定石油资源租赁税将从对离岸石油天然气征收扩
展到对陆上和离岸所有石油天然气征收。新任总理吉拉德上任后,对资源
税方案进行了大幅修改,制定了《新税法案》,将税率从 40% 降低到
30%,增加多项优惠抵扣条款等,形成了本次公布的草案。③ 这份长达
170 页的草案涵盖矿产资源租赁税的征收方式,包括针对现有项目、新建
项目以及合资企业等情况的征税案例;允许相关企业用勘探、开发和加工
过程中发生的某些费用进行税收抵扣;适用范围为年利润额在 5000 万澳
元及以上的铁矿和煤矿企业,低于该水平的企业不交税;规定了税收起征
点,新投资项目可即刻获得税收减免收益等;同时,规定矿产企业向州政
府缴纳的"开采使用费"将通过联邦退税等方式获得税收抵免,以避免
联邦和地方政府的双重征税等。

---

① P. Hartcher and P. Coorey, "Rudd's Secret Polling on His Leadership", *Sydney Morning Herald*
(23 June, 2010). available at www.smh.com.au/national/rudds-secret-polling-on-his-
leadership-20100622-yvrc.html.

② 三大矿业巨头是指必和必拓(BHP Billiton)、力拓(Rio Tinto)和斯特拉塔公司
(Xstrata)。

③ Commonwealth Grants Commission, "2012 Update: Report on GST Revenue Sharing Relativities",
2012, p.66. available at: http://www.minterellison.com/public/connect/Internet/Home/Legal +
Insights/N ewsletters/Previous + Newsletters/A - ERU3 + mining + royalties + overview.

三 澳大利亚矿产资源租赁税的制度框架设计

澳大利亚矿产资源租赁税制度框架（见表1）包括纳税人、税目、税率、纳税期限、税基和税收优惠政策在内的主要税制要素。为配合资源租赁税改革，澳政府调整了对矿产企业所征收的其他税收，石油资源租赁税将从对离岸石油天然气征收扩展到对陆上和离岸所有石油天然气征收，而且资源租赁税的可抵扣支出目录与石油资源租赁税一致。

表1 澳大利亚矿产资源租赁税的税制框架

税收要素	基本内容	备 注
纳税人	矿产资源租赁的纳税人是开采销售矿产（铁矿、煤炭、石油天然气）资源的具有正赢利能力的企业	计算方法中的"补贴"是指：由于矿产资源租赁税仅对正现金流征税，对负现金流不予抵扣和税收返还，因此规定对以往年度形成的亏损额和使用费不足以抵扣当年矿产企业利润的部分可以结转至下一年，并乘以13%的"加速率"来增加下一年可抵扣的亏损额和使用费，这作为政府的一种补贴，是对矿产企业的负现金流不能予以税收返还的一种补偿
征税范围和税目	与资源超额利润税对所有矿产征收不同，矿产资源租赁税仅针对近期价格增长可能较多的两大矿产——铁矿和煤，其他矿产均免于征收，各州政府继续对矿产征收使用费	
税基	矿产资源租赁税的税基是在估值点之前的净利润	
税率	矿产资源租赁税按30%的税率征税	
纳税期限	矿产资源租赁税按财政年支付，即从每年的7月1日开始到来年的6月30日截止	
计算方法	应税利润＝资源销售收入－相关成本－补贴应纳税额＝应税利润×税率	
起征点	如果整个矿产企业的利润总和（不是一个项目）低于5000万澳元，则该矿产企业免税	
其他事项	以下项目免税或减税：矿企向州政府及领地政府支付的矿区土地使用费津贴、开采前项目亏损津贴、项目开采亏损津贴、项目起始基础津贴、开采前项目转移的亏损津贴和其他项目转移的亏损津贴等	

资料来源：澳大利亚联邦政府官方网站，依据矿产资源租赁税新税法案整理。

四 澳大利亚矿产资源租赁税政策对中国的启示

中澳两国存在着较为相同的经济发展环境，如地区间、区域间存在较大的经济发展差距，都面临着促进经济增长与保护环境、实现可持续发展的两难选择。因此，中澳两国实现区域间乃至整个国家的平稳、可持续发展，是需要长期研究的重点课题。随着澳大利亚资源租赁税的实施，一些经验教训值得中国资源税费改革实践加以借鉴。

（一）资源税费体系不能过多地强调国家对资源的所有权

对资源所有权的强调虽然保证了国家的资源所有权与收益权，但存在干扰企业投资生产决策的问题，助长了部分地方政府为了本地区的经济增长和财政收入增长，容忍私挖滥采、弃贫采富、环境污染，造成"租值的消散"。可见，仅仅强调国家对资源的所有权，对矿产企业征收使用费是不够的，为了保证经济社会的可持续发展，对超额利润征税将成为资源税改革必不可少的一部分或趋势，中国对石油开采征收的石油特别收益金表明中国政府对资源税改革的正确方向。

（二）应清理整顿名目繁多的矿产资源税费体系

矿产资源补偿费、矿区使用费、探矿权采矿权有偿使用费以及资源税的普遍征收，实际上都属于矿产企业对矿产资源的使用所付出的费用，这些费用的性质相同，却有着如此之多的名目，增加了政府的征管成本和企业的遵从成本。根据澳大利亚矿产资源租赁税选择既增加政府收入，又适当调减其他税费负担的做法，对基于相同目标的收费有进行适当的合并的必要；而将这些收费通过法律形式固定下来，不再朝令夕改也十分必要；同时，将这些使用费作为地方政府相对稳定的收入来源，有利于增加地方财力，增加地方生态恢复治理的资金来源。

（三）税收制度的改革推进，必须重视政治稳定和负担能力

澳大利亚资源租赁税改革的历程，伴随着国家主要领导人的变动，伴随着政企关系的较大波动，纳税人博弈效果显现。资源富集国家，矿产企业作为利益相关者在税制改革中具有重要的作用力与反作用力。可见，税收制度与政策的改革关系到国家利益和企业及个人利益，税收负担轻重关系着纳税人的存续与后续发展能力，关系到社会稳定和民众对政府的信赖度问题。中国的税制改革也应吸取澳大利亚税制改革的教训，在资源税制改革中，充分考虑各方利益，继续采取先易后难的渐进式改革推进战略，但须加快资源税改革步伐。

（四）资源税制度改革推进，必须加强理论和税收环境适应性研究

澳大利亚"未来税制评述"在澳大利亚税制改革中发挥了重要作用，它客观地分析澳大利亚现有税种中存在的问题，从经济学、制度经济学的角度分析澳大利亚税制改革进程，相比较而言，中国的税制改革更需要加强理论研究，在制度构建中力求全面、科学、系统分析与评估，克服"头痛医头，脚痛医脚"的改革状态。在财税分配体制上重心应该向下。不论是资源税改革，还是其他税收改革都是牵一发而动全身的改革，应加强资源税改革的可行性与匹配性理论研究，注重税收环境适应性研究，让税制改革进程的脉络更加清晰。

（五）矿产资源租赁税的改革推进，将直接影响中资企业在澳投资项目利益，在澳中资企业应联合制定应对策略，适时表达合理诉求，争取外资企业税收优惠政策

据中国国家统计局统计，目前中资企业在澳投资无论投资领域，还是投资规模，已成为继美、英之后排名第三的外国投资国，例如，宝钢、首钢、武钢、中钢、鞍钢、中信泰富以投资铁矿为主。兖州煤业以投资煤炭为主。总投资已经超过400多亿美元，占中国"走出去"对外投资总额的75%。[①] 从中长期发展看，中资企业矿业投资风险逐步显现，投资回报率将下降，澳大利亚矿产资源租赁税以铁矿、煤矿、石油天然气为征税目

---

① 资料来源：中华人民共和国国家统计局网站，http：//www.stats.gov.cn。

标，有推高铁矿生产成本的可能，并发挥缓建新项目的效果，但在目前指数化定价、供需决定价格的市场体系中，则可以限制以"两拓"为代表的澳大利亚矿企实现铁矿石终端价格的上涨；助长国家间的地方保护主义，作为主要铁矿石、煤炭出口国的澳大利亚征收矿产资源税，这无疑对其他资源国起到一定程度的示范效应。因此，在澳中资企业应联合制定应对策略，适时向澳大利亚政府表达合理诉求，争取外资企业投资减免税优惠政策；中央政府也应及时调整"走出去"发展政策，防止主要原材料价格单方上涨，采用结构性调整鼓励性对澳投资企业及相关"走出去"企业分回利润的所得税优惠政策办法，鼓励资源型企业对外投资。

印 度 研 究

印度外资准入制度中的企业制度研究*

王宏军**◎

【内容提要】 直接投资的企业化是国际直接投资与其他国际经济活动的重要区别，也是国际直接投资与国际间接投资的重要区别。直接投资的企业化意味着投资者最终要在东道国法律规定的企业形式中作出选择。同样的投资项目，选择不同的企业形式意味着不同的设立条件、组织机构、责任承担方式及税收负担。印度的企业形式有个人独资企业、合伙企业和公司三种。外资只能采取公司制企业形式及非公司制形式。公司制企业形式包括合资公司、独资公司；非公司制形式有联络处、项目处及分公司。

【关键词】 印度 企业制度 合伙企业 登记

一 外资准入企业制度的基础理论

（一）直接投资的企业化

直接投资最终要采取企业的形式，这是国际直接投资与其他国际经济活动的重要区别。从生产的角度，国际经济活动的本质是生产要素的流

---

* 本文为云南财经大学印度洋地区研究中心研究项目"印度外资并购制度及中国企业应采取的战略研究"的阶段性成果。

** 王宏军，男，法学博士，云南财经大学法学院副教授，云南财经大学印度洋地区研究中心兼职研究员，主要研究方向为国际经济法、印度外资法。

动。现代经济理论一般认为，生产要素可以分为资本、土地、劳动力和技术等，而资本又可以分为货币资本、商品资本和生产资本。① 国际经济活动可以有多种形式，如国际贸易、国际金融等，其中的国际贸易只是货物、服务（即人员）或者技术等单一生产要素的流动，国际金融则是货币资本的单一流动，只有国际直接投资是资本、土地、劳动力和技术等多种生产要素的综合流动，并最终凝结为一种经济实体（Business Entity），即企业。② 所以，国际直接投资最终要以企业形式表现出来，即最终要企业化。正因为如此，国际直接投资也被称为国际实业投资。实业投资是按投资对象划分的结果，其对应的概念为金融投资。实业投资是投资者将资金用于实物生产，即用于购置和建造固定资产和流动资产并以此获得未来收益的行为，实业投资有别于股票投资、债券投资等纯金融投资。③

企业化不仅是国际直接投资与其他国际经济活动的重要区别，也是国际直接投资与国际间接投资的重要区别。国际间接投资下的货币资本只是流向已有的企业，不仅没有形成新的企业，而且对已有的企业没有控制权，没有持久的利益联系，即没有企业化。④ 虽然直接投资中的并购投资

---

① 姚天冲：《国际投资法教程》，对外经济贸易大学出版社，2010，第 14 页。

② 国际投资与国际贸易除了上述区别外，还有其他诸多区别。同样从经济的角度，贸易只是商品的流通，没有创造新的财富，而投资则是将各种资本组织到生产过程，创造了增值，带来社会财富的增加；从过程上看，贸易是短暂的一次性交易，而投资是一种持久性的存在。法律上，除了投资要企业化这一特征外，在待遇方面，贸易与投资也不同，比如，国民待遇在货物贸易领域是给予商品的，而在投资领域，则是给投资者。（部分内容请参见宁建文：《国际投资中的国民待遇问题新探》，载《政法论丛》2001 年第 6 期。）

　　另外，从实践的角度，国际贸易活动出现很早（奴隶社会和封建社会时期），而国际投资活动则出现较迟（资本主义社会时期）（参见姚天冲：《国际投资法教程》，对外经济贸易大学出版社，2010，第 17 页。）

③ 姚天冲：《国际投资法教程》，对外经济贸易大学出版社，2010，第 16 页。

④ 正是因为国际间接投资的本质是资本的流动，所以在学科划分上，调整国际间接投资的法律是国际金融法。很多国内的国际经济法教材都将国际证券作为国际金融法的内容。例如，王传丽教授认为"国际证券既是国际间接投资的一种重要形式，也是国际融资的一种重要手段"，并将国际证券相关内容置于国际金融法部分进行介绍（参见王（转下页注）

也是流向已有的企业，但其与被投资的企业联系紧密，可以看做最终长久地融入被投资企业，实现了企业化。

此外，企业化还是国际直接投资与一些特殊国际贸易方式的区别。国际直接投资是外国投资者为了利用东道国的各种资源，如原料、劳动力及市场规模等，而在东道国进行生产。但是，要利用这些资源，不一定都要采取企业化的直接投资形式，外国投资者当然也可以采取订单方式来委托东道国企业进行生产。我国对外开放过程中的"三来一补"都属于订单式生产的模式。国际经济法理论通常认为，订单式生产模式不属于直接投资，而只是一种特殊的贸易方式。显然，直接投资的企业化是直接投资与订单式生产这种特殊贸易方式的区别。基于同样的理由，国际直接投资的企业化也是其与连锁销售、加盟销售等其他特殊贸易方式的重要区别。

（二）企业制度在外资准入制度中的重要地位

1. 企业形式选择对外国投资者的重要性

与直接投资企业化密切相关的问题是企业的形式。各国的法律都对企业的形式作出了明确的规定，不允许投资者采取法定企业形式之外的形式。因此，虽然直接投资最终要企业化，但具体要"化"作什么形式的企业，又不能随心所欲，而只能在东道国法律规定的企业形式中作出选择。各国法律在确定企业形式的同时，又对不同企业在设立条件、组织机构、责任承担及税收缴纳等各个方面作出了不同的规定。因此，同样的投资项目，选择不同的企业形式意味着不同的设立条件、组织机构、责任承

（接上页注④）传丽：《国际经济法》，法律出版社，2009，第二版，第288页）。再如，吴志忠教授认为，"国际金融主要是公私借贷资本的跨国流动……由于这种资本跨国流动形式关涉金融资源在国际范围内的取得和配置，主要以金融资产的增值为其追求目标，一般不伴有企业经营管理权和控制权，因而常常被称为国际间接投资。"（参见吴志忠：《国际经济法》，北京大学出版社，2008，第291页）。又如，王立君先生认为，"国际间接投资又可称为国际金融投资，一般只涉及金融领域的资金，即货币资本的流动。国际直接投资是生产要素的的投资，它不仅涉及货币资本流动，还涉及生产资本和商品资本流动及对资本使用过程的控制。"（参见王立君：《国际投资法》，格致出版社、上海人民出版社，2010，第47页）。

担方式及税收负担。以我国企业法为例，个人独资企业和合伙企业不需要设立股东会、董事会及监事会等机构，个人独资企业投资人对企业的债务承担无限责任，而普通合伙企业的合伙人对企业的债务承担无限连带责任，这两种企业都没有编制财务报表并经注册会计师审计的要求。而公司则不同，根据我国《公司法》的要求，公司原则上要设立股东会、董事会及监事会等机构，股东以出资额为限对公司的债务承担有限责任，即使是一人有限责任公司也要每年编制财务报表，并经注册会计师审计。税收方面，我国不同的企业形式的税收负担也明显不同，个人独资企业和合伙企业不缴纳企业所得税，而缴纳个人所得税，其税率适用个体工商户的五级超额累进税率；公司则要缴纳企业所得税，其基本税率为25%；对于公司集团，其中的母、子公司都要独立纳税，而总公司与分公司要合并纳税。因为不同的企业形式要承担不同的税收，所以在税收学的税收筹划理论中，利用不同企业形式来对投资项目的税收进行合理筹划是一个重要的问题。

除了上述的企业形式选择的通常考虑外，外国投资者还需要考虑到东道国对于外资在企业形式方面的特殊要求。再以我国为例，我国的《个人独资企业法》就明确规定了这一类型企业的投资人只能是具有中国国籍的自然人，而《合伙企业法》则没有这样的规定，外国的自然人、法人或者其他组织也可以成为合伙企业的合伙人。很多发展中国家对于外资的企业形式作出了各种各样的专门性规定，这些规定往往是限制性的规定，或者规定外资只能采取特定的企业形式，或者对外资的不同企业形式进行经营范围及登记程序方面的限制。

2. 企业制度是东道国管理外资的重要手段

企业制度不仅对于投资者重要，对于政府也同样重要。这主要表现在政府通过企业登记制度对投资进行的监管。投资者对企业形式的选择最终要体现为企业的登记，而从政府的角度，企业登记既是对投资者资格的确认，也是对投资者在准入环节的一种监管。

理论上而言，企业的登记应该只是一种行政确认行为，是政府的登记机关对市场主体资格的确认，只有经过这种确认，市场主体才能获得经济方面的权利能力和行为能力。在各国国内法律制度中，对自然人的权利能力和行为能力给予一般的普遍的确认，不需要履行任何程序；而对于组织或团体的权利能力和行为能力，则需要通过登记予以确认。[①] 因此，企业登记是一种行政确认行为。从功能上看，企业登记作为确认行为最初只具有信息公示功能。然而，现实中的企业登记往往不只是行政确认行为，不单具有信息公示功能，更多的情况下，企业登记已经成为政府对市场主体的一种许可行为，具有了控制功能。从历史的角度，古罗马的企业登记由商人自己完成，法律只规定商店必须悬挂招牌以公示营业状态。但是，到了中世纪，除信息功能外，企业登记制度成为一道"门槛"，已经被赋予了市场进入的控制功能。[②] 市场准入可以分为特殊准入和一般准入，特殊准入是对特殊行业的准入，而一般准入是对主体进入市场的基本资格的确认。因此，企业登记属于市场的一般准入条件，是对市场准入的一般性控制。[③]

在发达国家，因为市场经济的发展程度较高，经济自由较为充分，企业登记的主要职能依然还是信息公示。当然，从历史的角度来看，发达国家的企业登记制度也经过企业设立的特许主义及准则主义下的市场准入控制职能，进而演变为当今的核准主义下的信息公示职能。其实，企业设立从特许主义到准则主义，再到核准主义的演变[④]，说明了企业登记职能对历史的回归。在发展中国家，因为市场经济发达的程度不够，企业登记的市场准入控制职能往往是第一位的。以我国为例，现行企业登记制度的功能主要定位于市场准入控制，信息公示功能反而居次了，有关企业登记信息应当方便社会查询，但是有关企业信息的收集并不完全，全国性的查询

---

① 王远明、唐英：《公司登记效力探讨》，《中国法学》2003 年第 2 期。
② 葛声波：《企业登记：功能定位与制度完善》，http：//www. civillaw. com. cn/article/default. asp? id = 51688。
③ 葛声波：《企业登记：功能定位与制度完善》，http：//www. civillaw. com. cn/article/default. asp? id = 51688。
④ 曹兴权：《公司法的自由与强制——制度历史的视角》，《商业经济与管理》2008 年第 9 期。

系统也没有建立。①

对于外资而言，企业登记的市场准入控制职能更为突出。各国既有吸引外资的意愿，又要避免外资可能产生的对本国的种种不利影响，因此除了通过准入审批、国家安全审查和反垄断审查对外资进行控制外，也会运用企业登记制度对外资进行约束和限制，对其作出不同于内资企业的特殊要求。因此，无论是一般市场准入的角度，还是从政府管制的角度，企业登记都是外资准入制度的重要组成部分。

（三） 各国外资企业形式的类型

发达国家大多没有针对外资企业形式的专门立法，外国投资者与国内投资者适用同样的国内企业法，而发展中国家则往往有专门立法。

在企业类型上，虽然各国法律所规定的具体企业形态有所差异，但大致都可以分为个人独资企业、合伙企业和公司三种形式。法律性质上，大多数国家的法律都规定个人独资企业和合伙企业是非法人企业，但少数国家规定合伙也可以具有法人资格，如法国、荷兰等大陆法系国家及苏格兰等；对于公司，各国法律均规定，公司具有独立的法人资格。② 责任承担上，个人独资企业的投资人承担无限责任，而合伙企业合伙人承担无限连责任，有些国家还规定了有限合伙，有限合伙企业中的有限合伙人对企业的债务承担有限责任。除了个人独资企业、合伙企业和公司外，外国投资采用最多的"合营企业"，在各国的法律中有不同的规定。英美法系国家在理论上多认为合营企业的合营者之间是一种人合关系，而非资合关系，在法律性质上是一种合伙，是非法人性质的商业组织形式；与之相反，很多大陆法系国家认为合营企业在法律上属于法人，而不是合伙。③

---

① 葛声波：《企业登记：功能定位与制度完善》，http：//www. civillaw. com. cn/article/default. asp? id = 51688。

② 沈四宝、王军、焦津洪：《国际商法》，对外经济贸易大学出版社，2002，第49页。

③ 王传丽：《国际经济法》，法律出版社，2009，第二版，第243页。

二　印度对外资的企业形式的规定

（一）印度的企业形式

与大多数国家一样，印度的企业形式也有个人独资企业、合伙企业和公司三种，以下分别进行介绍。

1. 个人独资企业（sole proprietorship）

印度并没有专门针对个人独资企业的立法，个人独资企业的法律依据是印度联邦层面的《1908 年登记法案》（*The Registration Act*，1908）。① 此外，有些邦也有针对设立个人独资性质商店的立法，如德里的《商店设立法》（*Shops and Establishment Act*），在这些邦，投资者可以依据邦的立法来设立个人独资企业性质的商店。② 个人独资企业是印度最为普遍的企业形式，也是最为简单的企业形式。③

印度法律对于个人独资企业的设立和经营都没有正式的要求。设立个人独资企业，无需任何法律的文件和程序，也没登记的要求，唯一可能需要的是获得所在行业的许可证，并遵守所在行业的法律法规。经营方面，个人独资企业不需要设置账簿，不需要编制会计报表，更不需要注册会计师审计，也不需要向公司登记处报送其财务资料。④ 投资人享有企业所有的利润，承担企业所有的债务，投资人对企业的债务承担无限责任。

---

① 印度国内一些非法律人士经常以为有一部《1908 年个人独资企业法》（*The Sole Proprietorship Act*，1908），这是一种误解，实际上，该法的名称是《1908 年登记法案》（*The Registration Act*，1908）。
② "Start Your Business"，http：//www. indiamart. com/kpsconsultants/start-your-business. html.
③ "Types of Business Entities in India"，http：//www. startupdunia. com/entrepreneurship/types – of – business – entities – in – india – 269.
④ "Types of Business Entities in India"，http：//www. startupdunia. com/entrepreneurship/types – of – business – entities – in – india – 269.

　　法律性质上，与大多数国家的个人独资企业一样，印度的个人独资企业也不是企业法人，投资人对企业的债务承担无限责任。税收方面，印度的个人独资企业不缴纳企业所得税，其所得并入投资人的个人所得，一并缴纳个人所得税。[①] 值得注意的是，虽然个人独资企业不需要进行登记注册，但仍需要进行税收方面的登记，包括中央消费税、劳务税、增值税等。[②]

　　2. 合伙企业

　　在印度，合伙企业的设立要符合《1932年合伙企业法》的规定。但是，该法并没有强制要求合伙企业进行登记，对未登记的行为也没有规定任何的处罚；如果要登记，也不一定要在设立前登记，也可以在企业形成后的任何时候登记。[③] 但实践中，多数合伙企业都会向合伙企业登记处进行登记，因为虽然法律并没有要求强制登记，但不登记的企业得不到法律的保护。比如，未登记的合伙企业的合伙人不能对企业或者其他合伙提起诉讼，合伙企业也不能对第三人提起履行合同的诉讼。[④] 另外，根据该法的规定，合伙企业不具有法人资格，合伙人对合伙企业的债务承担无限连带责任。[⑤]

　　《1932年合伙企业法》中的合伙只是传统的普通合伙企业，至于有限责任合伙（Limited Liability Partnership，LLP），印度国内进行了多年的争论，印度学者也进行了大量的研究。[⑥] 2006年12月15日，《有限责任合伙法》草案由公司事务部部长提交至议会进行审议，并于2008年通过。

---

① "Start Your Business"，http：//www. indiamart. com/kpsconsultants/start-your-business. html.

② "Start Your Business"，http：//www. indiamart. com/kpsconsultants/start-your-business. html.

③ "Procedure for Registration of a Partnership Firm"，http：//business. gov. in/starting_ business/partnership. php.

④ "Procedure for Registration of a Partnership Firm"，http：//business. gov. in/starting_ business/partnership. php.

⑤ "Start Your Business"，http：//www. indiamart. com/kpsconsultants/start – your – business. html.

⑥ Dr. Pradeep Kumar Singh，"Limited Liability Partnership（LLPS）& Taxation Issues"，http：//www. caclubindia. com/forum/llp – amp – taxation – by – dr – pradeep – kumar – singh – 63074. asp.

2009 年 1 月 7 日，印度总统签署通过了该法，于 2009 年 3 月 31 日正式生效。因为该法是于 2008 年由议会通过，所以印度官方将其命名为《2008 年有限责任合伙法》。根据该法的授权，印度政府制定了《2009 年有限责任合伙法适用规则》，并于 2009 年 4 月 1 日生效。根据《2008 年有限责任合伙法》第 3 条的规定，有限责任合伙是法人企业，独立于其合伙人，可以永久存续。正因为有限责任合伙是法人企业，所以不适用《1932 年合伙企业法》。① 与普通合伙企业不同，有限责任合伙必须进行企业登记，《2008 年有限责任合伙法》第 11 节和第 12 节规定，有限责任合伙由公司登记处依据《1956 年公司法》所规定的登记程序进行登记。可见，印度对有限责任合伙的管理，实质上更多的是适用公司的管理体制。

至于有限责任合伙所要缴纳的税收，各国法律的规定有所不同。英国的有限责任合伙虽然也是企业法人，但不缴纳企业所得税，只是由其合伙人缴纳个人所得税。美国各州的法律大致都规定，无论是普通合伙，还是有限合伙，合伙企业本身都不缴纳所得税，而同样只是由合伙就其分得的利润来缴纳个人所得税。② 印度的立法则不同，根据《2008 年有限责任合伙法》的规定，有限责任合伙要就其所得缴纳公司所得税，而合伙人从企业分得的利润则免于缴纳个人所得税。相比之下，根据《1932 年合伙企业法》成立的合伙企业因为不具有法人资格，所以不需要缴纳企业所得税，而只由其合伙人缴纳个人所得税。就有限责任合伙的纳税问题，有印度学者指出，对于有限责任合伙而言，税收问题是与有限责任同等重要的问题，因此在立法过程中，学者们多呼吁政府采取英美国家的模式，对其不征收所得税，而只对合伙人个人征收所得税。③ 显然。印度政府并没

---

① "Types of Business Entities in India", http：//madaan. com/incorporate. htm.

② Dr. Pradeep Kumar Singh, "Limited Liability Partnership (LLPS) & Taxation Issues", http：// www. caclubindia. com/forum/llp – amp – taxation – by – dr – pradeep – kumar – singh – 63074. asp.

③ Dr. Pradeep Kumar Singh, "Limited Liability Partnership (LLPS) & Taxation Issues", http：// www. caclubindia. com/forum/llp – amp – taxation – by – dr – pradeep – kumar – singh – 63074. asp.

有采纳这种建议。之所以如此，大概是印度政府基于税款征收的本身的便利性而考虑的，因为对于一个企业征税的难度要明显小于对于个人征税。这样的先例，在印度的国内税收改革中早已存在过。比如，从 2005 年 4 月 1 日起，印度国内引入了增值税，以取代各邦的销售税，而印度政府之所以进行这一改革，主要是为了方便征收，增加税收收入。增值税与之前的邦销售税的最大的不同在于前者在生产环节这一源头征收，而后者在销售环节征收。在征收邦销售税时，因为印度的销售市场是基于农业社会的无组织的、分散型的市场，大量的交易是没有任何账务记录的，这就导致税务机关很难在销售环节征税。相比之下，在生产环节征收增值税，就容易得多，这正是印度引入增值税并以其取代邦销售税的原因。

3. 公司

印度的公司的设立及经营都要遵守《1956 年公司法》的规定。《1956 年公司法》的大部分内容是根据英国公司法制定的，该法正文共有 10 部分，附录部分共有 16 个附件，正文和附录共有 674 节。《1956 年公司法》主要规定两种类型的公司：公共有限责任公司（Public Limited Company）及私人有限责任公司（Private Limited Company）。根据该法第 1 部分第 3 节的规定，私人有限责任公司是指满足以下四个条件的公司：①股东（不包括雇员）2 人以上，50 人以下；① ②最低实收资本不低于 10 万卢比（Rs 1 lakh）②；③限制股份的自由转让；④禁止以股票或者债券形式向社

---

① 为提高公司运作的灵活性和透明度，印度政府正在酝酿修订现行《公司法》，修订内容之一就是引入一人有限责任公司（资料来源：驻孟买总领馆经商室：《印度修订〈公司法〉，酝酿"一人公司"信息三则》，2006 年 05 月 24 日，http：//bombay.mofcom.gov.cn/aarticle/jmxw/200605/20060502277108.html）。

② Crore（千万）和 Lakh（十万）原本是印度计数法中的单位，但如今已经被广泛应用于印度英语中。印度的计数法现在通用于印度、巴基斯坦、孟加拉国、尼泊尔、缅甸等国家。它是基于两位十进制分组，而不是像世界上其他绝大多数国家的三位十进制分组。这种计数法，每隔两位打一分位符。例如：三千万卢比就记为：Rs.3,00,00,000，分位逗号打在千、十万和千万位上，而不是 Rs.30,000,000（资料来源："Indian Numbering System"，http：//en.wikipedia.org/wiki/Indian_numbering_system，访问时间：2012 年 4 月 23 日）。

会公众公开募集资金。公共有限责任公司是指满足以下三个条件的公司：①是非私人有限公司；②实收资本在 50 万卢比或以上的；③其本身是一个私人有限公司，但却是一个非私人有限公司的子公司。① 如果私人有限公司的股东超过 50 人，或其实缴资本中被公共公司所控制的资本额超过总资本额的 25%，或其每年公司营业额超过 1 千万卢比，都将被视为公共有限公司。

（二）印度企业形式对外资的适用

虽然印度国内立法所规定的企业形式有个人独资企业、合伙企业、有限合伙企业及公司等，但是外国投资者并不能适用所有的这些企业类型。个人独资企业和合伙企业的立法因为年代久远，所以对外国投资者能否适用这一问题，未作出任何规定。印度国内学者通常认为，个人独资企业和合伙企业不适用于外国投资者，而印度的登记部门在实践中也不允许外国投资者设立国内法意义上的个人独资企业和合伙企业。② 之所以如此，理论界和政府部门的依据是储备银行在《2000 年外汇管理（投资合伙企业及个人独资企业）规定》中并没有允许外国投资者设立这两种类型的企业。③ 还有，印度政府每年编制的《外国投资者手册》也都只规定了公司和非公司两种形式。印度储备银行 2007 年 4 月 1 日在《外国投资者常见问题解答》中明确表示，不允许外国投资者设立个人独资企业和合伙企业。④ 但是，印度储备银行于 2008 年发布的《外资政策总汇编》中却首次对这一问题作出了不同的规定：如果外国投资者要采取个人独资企业和

---

① *The Companies（Amendment）Act*, 2006, Section 3.
② "Comparison of Business Entities in India", http：//elagaan. com/business/compare.
③ Pranjita Barman & Nishant Prakash, "Limited Liability Partnership Act, 2008：A Long Way Forward", http：//www. lawyersclubindia. com/articles/Limited – Liability – Partnership – Act – 2008 – A – long – way – forward – 2771. asp.
④ "Foreign Investments in India, FAQs（as on April 1, 2007）", http：//www. rbi. org. in/ scripts/faqview. aspx？ id = 26.

合伙企业，必须事先要经过其批准。① 这一新的规定，在最近两年的政策汇编中都固定了下来。②

显然，印度政府在这一问题上的变化是不够严肃的，因为既没有通过正式的政策发布，更没有通过立法来正式确认，而是在不具有法律或者政策效力的政策汇编中首先提出来。从性质上而言，这种不严肃的形式只能归为实际做法的变化。这种变化，自然会给外国投资者带来混乱。

至于外国投资者能否采取有限责任合伙的形式，《2008 年有限责任合伙法》及上述的印度储备银行的文件都没有作出明确的规定，印度国内学者对此存在争论，并呼吁政府对此作出明确的解释和规定。③ 印度政府在 2010 年下半年的政策汇编中表示，工业政策与促进局已经就外资适用有限责任合伙的问题发出了一份征求意见稿，希望企业界和民众提出观点和建议。④

（三） 印度对外资企业形式的具体规定

虽然根据印度储备银行 2008 年政策汇编的规定，外国投资者经储备银行的批准，可以设立个人独资企业和合伙企业，但是，如上所述，这一规定既没有通过政策公布，更没有以立法进行确认。至于外国投资者申请设立这两种类型的条件、程序，以及对于外资设立的个人独资企业和合伙企业是否有特殊的限制，目前印度的法律和政策中都没有任何规定。因此，目前印度官方公布的外资政策关于外资企业形式的规定中，都没涉及

---

① "Master Circular on Foreign Investment in India", dated July 1, 2008 issued by the RBI.

② Department of Industrial Policy and Promotion, Ministry of Commerce and Industry, Government of India, Consolidated FDI Policy (effective from October 1, 2010).

③ Pranjita Barman & Nishant Prakash, "Limited Liability Partnership Act, 2008: A Long Way Forward", http://www.lawyersclubindia.com/articles/Limited – Liability – Partnership – Act – 2008 – A – long – way – forward –2771. asp.

④ Department of Industrial Policy and Promotion, Ministry of Commerce and Industry, Government of India, Consolidated FDI Policy (effective from October 1, 2010).

个人独资企业和合伙企业。印度目前的外资政策都规定：外资只能采取公司制企业形式及非公司制形式，公司制企业形式包括合资公司、独资公司；非公司制形式有联络处、项目处及分公司。①

1. 公司制企业

与我国的企业立法不同，印度并没有专门的合资企业或者独资企业立法，无论是合资还是独资，都只能与国内投资者适用相同的企业形式。在我国，中外合资经营企业只能采取有限责任公司的形式，而印度对于外国投资者与印方的合资经营，并没有要求要设立特定形态的企业，只是要求要依照《1956 年公司法》的规定进行设立和经营。②

2. 非公司制形式

非公司制形式是指通过设立联络处、项目处或者分公司进行投资。与公司制企业作为印度法人不同，这些非公司制形式不是印度法人，而是外国公司在印度的分支机构，即外国投资者以外国公司的形式在印度进行业务活动。外国公司一般是指根据其他国家的公司法的规定而设立的公司。③ 外国公司进入所在国进行商业性质交易活动，必须完成一定的法律手续，一般来说，必须在所在国设立办事处（代理人）、分公司或子公司，以便取得营业执照。④ 对于外国公司的营业范围，一些国家没有进行特别的限制，如美国、英国等英美法系国家，而大陆法系国家则有限制性的规定，如德国、法国和意大利等西欧国家。西欧国家公司法对外国公司在东道国建立子公司和分公司进行业务活动，一般都无限制，但对外国公司在东道国从事营业活动的范围都有一定的限制。⑤ 与西欧国家的做法相近，印度政府也规定，外资如果采取非公司形式的，原则上不得在印度境

---

① Department of Industrial Policy and Promotion, Ministry of Commerce and Industry, Government of India, Consolidated FDI Policy (effective from October 1, 2010).

② 如前所述，非公司形式要遵守印度储备银行于 2000 年制定的《外汇管理（在印度建立分公司、办事处或者其他经营机构）规定》。

③ 沈四宝、王军、焦津洪：《国际商法》，对外经济贸易出版社，2002，第 146 页。

④ 沈四宝、王军、焦津洪：《国际商法》，对外经济贸易出版社，2002，第 148 页。

⑤ 沈四宝、王军、焦津洪：《国际商法》，对外经济贸易出版社，2002，第 151 页。

内从事生产经营活动。以下对印度政府所允许的外资非公司制形式分别进行介绍。

其一，联络处或代表处 （Liaison Office/Representative Office）。联络处是指为了与总部联络而在印度设立的实体。① 根据印度储备银行的解释，联络处也可以称为代表处，二者只是名称的不同，在法律适用上没有区别。② 根据规定，外国公司联络处不能从事任何经营活动，不能在印度赚取任何收入，联络处的经费应当全部来自外国公司的总部。顾名思义，联络处只是一个联络或者代表机构，其业务范围仅限于收集市场信息，向印度的潜在客户提供其公司和产品的信息。联络处实质上是一个获取和传送信息的联络站，为其公司和潜在的印度顾客提供双向的信息交流。另外，联络处的年度业务活动报告应当经过注册会计师审计后上报印度储备银行。

其二，项目处 （Project Office）。项目处是指为了代理正在印度执行项目的外国公司的利益而在印度所设立的机构，但不包括代表处。③ 设立项目处的条件比较严格，印度政府要求其资金必须由国外汇入，或者资金由国际金融机构提供，且项目本身已经获得批准，同时还要求签订项目合同的印方公司已经获得了银行或者公共金融机构的贷款。④ 对达到这些条件的，印度政府原则上允许在印度境内设立项目处，不需要批准。如果达不到这些条件的，或者是斯里兰卡、巴基斯坦及中国等国的企业申请开设项目处的，需要经过储备银行外汇部设在孟买的中央办公室批准。⑤ 项目

---

① Reserve Bank of India, "Foreign Exchange Management (Establishment in India of branch or office or other place of business) Regulations", May 17, 2000.

② "Foreign Investments in India (Updated up to October 13, 2010)" http：//www. rbi. org. in/scripts/faqview. aspx？id＝26.

③ Reserve Bank of India, "Foreign Exchange Management (Establishment in India of branch or office or other place of business) Regulations", May 17, 2000.

④ Reserve Bank of India, "Foreign Exchange Management (Establishment in India of branch or office or other place of business) Regulations", May 17, 2000.

⑤ "Foreign Investments in India, FAQs (As on April 1, 2007)", http：//www. rbi. org. in/scripts/faqview. aspx？id＝26.

处只能从事项目的实施活动,不能从事任何与项目实施无关的业务,其所需要资金只能由其国外母公司汇入。项目结束后,项目处可以将项目利润通过指定的银行汇回其国内,无需经过储备银行的批准。①

其三,分公司(Branch Office)。印度政府允许从事制造业和贸易业务的外国公司在印度设立分公司,由印度储备银行逐案审批,印度储备银行在审批过程中主要考虑的因素包括申请者在全球的经营历史和拟在印度开展的业务。分公司不能直接地或间接地从事制造、加工活动,仅能开展代理母公司、研发、进出口、技术和财务合作、技术支持、咨询服务、信息技术和软件开发等业务,但是,分公司可以将制造业务分包给印度当地的制造商。② 在经济特区中设立的分公司,可以从事生产及服务经营活动,但仅限于允许外资100%持股的行业。分公司的年度经营活动报告应当经注册会计师审计后上报印度储备银行。分公司可以将税后利润汇出印度,不需要像公司一样提取法定公积金,汇出利润也不需要储备银行的批准。

另外,如前所述,分公司和项目处可以在印度境内购置其开展业务所需的不动产,而联络处则不能购置任何不动产。还有,印度政府特别强调对非公司制形式的外汇管制,要求联络处和项目处所需的资金都只能来自其国外的总公司,而不能从印度境内赚取任何收入,这也正是印度将非公司制组织形式交由外汇管理法来进行调整的原因。

三 印度对外资企业登记的具体规定

如果要设立公司,外国投资者要在完成准入审批后的30天内向当地的公司登记机构申请注册登记。负责登记的具体机关是公司事务部(Ministry of Company Affairs)的下属机构——公司登记处(Registrar of

---

① Project office, http://www.bmcin.com/projectoffice.html.

② "Start Your Business", http://www.indiamart.com/kpsconsultants/start-your-business.html.

Companies，ROC）。① 具体而言，公司登记的第一步是申请公司名称的登记，私人公司名称的最后单词必须是 "Private Limited"，公共公司名称的最后单词则必须为 "Limited"。公司登记处在收到名称登记申请的 7 日内决定是否批准。如果获得批准，该名称的有效期为 6 个月，申请人应当在这 6 个月提交组织大纲 （memorandum of association） 和组织章程 （articles of association） 文件及其他文件。公司的组织大纲应当包含公司的名称、设立目的、股东责任、公司资本、董事会及组成、发起人姓名或者名称等内容，主要处理公司与外部的关系。公司的组织章程主要处理公司内部的关系，其主要内容包括股东的权利与义务、公司内部机构的设置、相关人员的职责等。除了组织大纲和组织章程外，公司登记时所要提交的其他文件主要是指名称登记批准证书及根据法律规定所要填写的一些表格，这些表格主要是为了证明公司已经符合法律规定的设立条件，如最低出资要求、发起人人数的要求以及董事的基本情况。公司登记处对申请人提交的文件审核无误后，颁发登记证书 （Certificate of Incorporation）。收到登记证书后，私人公司就可以开始营业，但公共公司还必须获得公司登记处颁发的开业证 （Certificate of Commencement of Business） 后才能开始营业。②

　　如果设立联络处或分公司，需要首先向印度储备银行及授权机构申请，在得到批准后的 30 天内向当地公司登记处进行登记。储备银行的许可证的有效期为 3 年，期满可以向储备银行的地方分支机构申请延续。③印度储备银行于 2010 年 12 月 30 日出台了新的规定，对设立分公司和联络处的要求作出了较大的修订，主要的变化有两处：一是实体方面，要求印度境内设立分公司的外国公司，在其母国的实收资本不得低于 10 万美

---

① Ministry of Corporate Affairs，http：//www. mca. gov. in/.

② "Forming A Company In India"，http：//www. legalserviceindia. com/company% 20law/company_ formation_ procedure. htm.

③ "Foreign Investments in India，FAQs （As on April 1，2007 ）"，http：//www. rbi. org. in/ scripts/faqview. aspx？ id = 26.

元，设立联络处的，实收资本不低于5万美元；二是程序方面，外国公司不需要再直接向储备银行提出申请，而由指定的银行受理申请，并向储备银行转交申请材料。① 对于项目处，该通知没有做任何规定，根据印度储备银行对相关的问题的解释，原则上依然适用以前的规定②，即原则上不需要储备银行的批准。

然而对于特定国家的投资者，印度政府还作出较为严格的规定。《2000年外汇管理（在印度建立分公司、办事处或者其他经营机构）规定》第4条规定："巴基斯坦、孟加拉国、斯里兰卡、阿富汗、伊朗及中国的公民，未经储备银行的事先批准，不得以任何名义在印度设立分公司、联络处、项目处及其他任何形式的营业机构。"基于这一规定，对于我国企业而言，设立代表处、项目处或分公司等非公司实体形式，要先经过印度储备银行的批准，而后才能进行企业登记。

---

① A. P. (DIR Series) Circulars No. 23 and 24 dated December 30, 2009.

② "Foreign Investments in India (Updated up to October 13, 2010)", http：//www. rbi. org. in/ scripts/faqview. aspx? id = 26.

论云南"桥头堡"建设中的印度因素

肖建明*◎

【内容提要】 面向中国西南的"桥头堡"建设是中国在新的国际形势下酝酿国家战略的重要内容,目标之一就是建设从陆上通往印度洋的战略大通道。在这个过程中,印度的态度将对云南"桥头堡"建设产生重大影响。一方面,印度的"东进"政策是在与中国竞争,对云南"桥头堡"建设将产生一定的遏制作用,影响"桥头堡"建设的顺利实施;另一方面,印度的"东进"政策如要取得更大的成就,最终还要依赖于中印双方在经济领域的合作,从这个角度上讲,云南"桥头堡"建设又面临着印度"东进"政策的重要战略机遇。

【关键词】 桥头堡建设 印度 "东进"政策 战略机遇

《国务院关于支持云南加快建设面向西南开放重要桥头堡的意见》正式出台后,标志着国家对"桥头堡"建设的部署进入了全面实施阶段。它配合了大湄公河次区域经济合作和中国-东盟自由贸易区的建设,是贯彻中国走向全球战略的重要组成部分。国务院在《意见》中提出了云南加快建设"桥头堡"的16大战略目标之一就是建设从陆上通往印度洋的战略大通道。面向印度洋的西南开放和南亚国际大通道建设,有可能在广

---

* 肖建明,昆明学院滇池泛亚合作战略研究院讲师,博士。

阔的印度洋地区形成一个全新的亚洲贸易圈。"桥头堡"建设的提出，不同于我国其他的区域发展规划，它在国家战略、地缘政治与周边外交、沿边开放与能源安全、推动西部大开发和边疆民族贫困地区发展等方面，具有多重战略意义。研究印度对云南"桥头堡"建设进程的影响，对云南"桥头堡"建设具有一定的指导意义。

一 "东进"政策与印度的全球大国战略

印度是与中国云南接壤的重要邻国。作为南亚次大陆的第一大国，在尼赫鲁"有声有色"的大国宣言指导下，印度长期以来一直谋求成为全球性的大国。冷战前后，印度地缘政治影响力主要集中在南亚，其当时外交目标是打造"印度的南亚"和推动"不结盟运动"。20世纪90年代初，随着冷战的结束、苏联的解体，印度失去一个强有力的盟友后，其国际地位急剧下降，被迫调整其外交政策，转而推行超越南亚的全方位外交。印度政府根据冷战后国际环境以及地区环境的变化开始实施面向东南亚国家的"东向"政策，它强调发展与东盟和亚太国家的关系，积极推行印度的亚太战略。1991年拉奥政府上台时，适逢苏联解体，新生的俄罗斯则"一边倒"地倒向西方，对印度失去兴趣，印度失去了重要的盟友，印度所推行的不结盟政策也因冷战的结束失去了存在的价值。印度丧失了苏联这座靠山后，面临严重的政治和经济危机。拉奥政府开始对印度的经济进行改革，采用多种方法吸引外国投资，经济快速发展的东盟国家成为了印度的首选对象。东亚地区的经济发展模式也刺激了印度，20世纪60年代崛起了"四小龙"，70年代发展了"四小虎"，80年代中国大陆地区也开始了经济改革，东亚地区的经济增长势头强劲，这使得印度深受刺激，认识到东盟的发展模式是值得印度借鉴的，与东盟发展合作关系有可能使印度经济也搭上经济发展的快车。因此，印度积极发展与东亚和东南亚国家的关系，以寻求更多的外资。此外，印度与东亚和东南亚国家都存在着紧密的文化联系，印度的宗教、语言、文学以及价值观念都对这些国家有着很深的影响。历史上，印度曾两度展现对亚洲地区的巨大影响力：首先是在 17 世纪的莫卧儿帝国时期，其次则是自 19 世纪末起，作为大英帝国控制亚洲利益的前进基地。"东向"政策也有些延续此类思维的意味。

经过 20 年的精心经营，"东向"政策初具成效，基本实现了印度与美国、俄罗斯、日本、越南等国家的战略合作，并提出了一些标志性的口号：美印关系是"21 世纪最关键的伙伴关系之一"、印俄关系是"特殊的战略伙伴关系"、印日关系从"全球伙伴关系"发展到了"战略全球伙伴关系"、印越关系是"地区和平与稳定的重要因素"。印度亚太战略的实施，有利于提升印度的大国地位，为其实现"南亚大国"—"亚洲大国"—"世界大国"的战略"三步走"奠定了良好的基础。印度游走于大国之间，不仅是在谋求现实利益的最大化，其最终目标是成为一个有影响力的大国。印度与世界上几乎所有的大国保持伙伴关系，希望利用与大国之间的关系来发展自己。

二 中印关系具有全球性意义

中印是世界上人口最多的两个国家，人口总数约占全世界的三分之一；同时中印是目前世界上发展速度最快的大国，是少数几个具有世界大国潜力的国家。尽管有些学者或政界人士担忧中印之间将不可避免地出现大国竞争态势，但中印关系仍然是当今世界最重要的双边关系之一，甚至具有全球意义。早在苏联解体前夕的 1988 年，邓小平在会见印度总理拉吉夫·甘地时论述了中印发展起来的伟大意义，他说："中印两国不发展起来就不是亚洲世纪。真正的亚太世纪或亚洲世纪，是要等到中国、印度和其他一些邻国发展起来，才算到来。"

2011 年是中印交流年，也是中印建交 61 周年。印度驻华大使苏杰生在回顾中印关系的发展历程时称，"经过 60 多年的交往，印中在政治、经济、文化等多领域的交流与合作都取得了让世人瞩目的成绩，我们可以清晰地看到双边关系正日益走向成熟。"主要表现在：

（一）政治关系方面，中印之间曾经历过从友好到敌视到冷静的一个曲折的过程

1954年4月周恩来总理首次访问印度，与印度总理尼赫鲁一道提出"和平共处"五项基本原则，似乎为两个亚洲大国的合作铺平了道路。在这种背景下，"中印两国在战后国际体系的形成过程中，作为亚洲的主要大国相继取得独立自主地位，在世界事务中可能具有举足轻重的意义，特别是两国如果联手合作的话"。[①] 此后，中印因边界战争而使两国关系跌入历史低谷，直到1988年12月印度总理拉吉夫·甘地访华才启动了中印关系的新一轮和解。在经历多年的隔阂之后，中国国务院总理朱镕基于2002年1月正式访问印度，双方致力于发展友好关系及双边所有领域的合作关系，以及双方自发通过对话增进相互信任和信心。

2006年11月21日，中国国家主席胡锦涛访问印度时，两国制定了深化合作的"十项战略"。胡主席在新德里会见印度总统卡拉姆时表示，中印两国有着悠久的友好交往历史，在历史长河中，两国相互影响、相互学习。中印发展睦邻友好和全面合作，不仅造福两国25亿人民，而且对促进亚洲乃至世界的和平与发展也具有重大意义。卡拉姆也表示，印度一直以深厚的兴趣和赞赏的目光注视着中国的迅速发展。两国经济健康增长和国家稳定发展是当今国际秩序的稳定因素，将推动本地区和更广阔区域的和平稳定发展。两国携手并进，将促进全球多边主义发展，为发展中国家谋利。

2008年新年伊始，印度总理曼莫汉·辛格对中国进行正式访问，两国宣布了《关于二十一世纪的共同展望》。2010年是中印建交60周年，双方举办了"中国节"和"印度节"。2011年，双方又举办了旨在推动

---

① 赵干城：《中印关系的地缘政治特点与发展前景》，《南亚研究季刊》2010年第1期，总第140期，第16页。

两国教育、文化、人文等领域的友好交流与合作的"中印交流年"。双方领导人在多种场合都表示，中印关系是一种重要的关系，中印关系已远远超出双边范畴，具有全球意义。

（二）经济关系方面，作为世界上人口最多的两个国家，中国和印度之间的经贸关系开始超越政治上的一些分歧

中印两国之间频繁的贸易往来以及贸易额的迅猛增加对两国政治关系的改善会起到帮助作用。2003 年印度总理访华时，曾提出建立中国–印度自由贸易区的建议。2005 年 4 月，中国总理温家宝访问印度后，建立中印自由贸易区提上议事日程，双方决定将双边关系定义为"面向和平与繁荣的战略合作伙伴关系"。2007 年 6 月 4 日，中印双方举行了区域贸易安排可行性研究第四次会议，就货物贸易、服务贸易、贸易投资便利化和经济合作等内容交换了意见，并基本达成共识。如果两国签署双边自由贸易协定，中印自由贸易区将成为全球最大的自由贸易区，是一个包括 25 亿人口、1200 多万平方公里、近 9 万亿美元国内生产总值及 4 万亿美元外贸总额的区域经济体，其规模会超过北美自由贸易区和欧盟，将为中印现有的经济规模和双边经贸合作提供广阔的空间，从而通过经济上的紧密合作进一步稳定双方的政治关系。

2005 年印度商业国务部长斋拉姆·拉梅什（Jairam Ramesh）出版了名为《理解 Chindia：对中国和印度的反思》的专著。在书中，作者创造了一个新英文单词"Chindia"。华裔印度著名学者谭中先生创造性地将它翻译为"中印大同"，希望"中印共同前进与合作"，通过双赢，实现亚洲的和谐和振兴，然后逐步实现世界的和谐并走向世界大同。个别印度学者甚至提出"A–2"这么一个概念（即亚洲两个大国：印度与中国），期待中印两国在亚洲层面的合作。

（三）存在的问题

中印两国的直面博弈是显然的，世界上两个最大的新兴发展中国家在

地缘利益上的碰撞几乎是不可避免的。印度资深外交官迪克西特就中印关系提出了一系列疑问：中印能否避免竞争的潜在性与萌芽的怀疑，建立起持久且积极稳定的双边关系？中国是否将鼓励支持在其南部边疆出现一个强大的印度？印度能否接受由一个强大的中国来主导印度洋地区？[①] 这些问题可以说反映出印度精英阶层长期以来对中国莫名的不安全感。印度政界战略鹰派、印度媒体一直喜欢拿"中国威胁论"等问题最大限度地加以炒作。印度国内也一直在讨论中国到底是敌人还是朋友。尤其是印度军方的各种扩军计划，都喜欢把中国作为借口，把主要矛头对准中国。印度《国民先驱报》曾披露，印度前陆军参谋长克里西纳·拉奥公开宣称，印度应进一步提升军费开支，大力发展核计划，以提高对中国纵深的打击能力。印度发行量最大的报纸《印度时报》也曾刊发了题为《特别针对中国的"烈火－Ⅲ型"导弹》一类的文章，"北防中国"成了印度某些高层人士在制定国防政策时考虑的重要因素。"长期以来，印度将自身国际地位的下降归咎于中国，一直把中国看做印度成为世界大国的阻碍"。[②] 在这种思想的影响下，印度与中国的战略伙伴关系始终热情不高。

三 印度"东向"政策对中国的影响

在两极格局下，印度的势力长期局限于南亚地区，冷战结束后，世界局势的重大改变为印度突破南亚藩篱创造了条件。印度政府适时地抓住了机遇，对内进行全面的经济改革，对外进行外交政策的调整，实行全方位的多边自主外交。1991 年 9 月，拉奥政府宣称要注重东方，发展与东南亚、远东国家间的投资贸易关系、政治对话和文化联系，这被认为是印度政府实施"东向"政策（Look East Policy）的开始。

1991 年 6 月印度国大党拉奥总理上台后，为了摆脱严重的经济危机、

① 卢红飚：《东南亚地缘政治在印度东进政策中的考量》，《湖北第二师范学院学报》2009 年 12 月第 26 卷第 12 期，第 48 页。
② 杨思灵：《试析印度加强与亚太国家战略合作及其影响》，《南亚研究》2012 年第 1 期，第 6 页。

地缘战略重要性下降、国际地位日趋边缘化的不利局面，提出了以经济为中心的"经济外交"和"全方位外交"战略，全面修复与东盟的关系，加强与东南亚国家的对话与合作，"东向"政策登上了历史舞台。1992年1月，东盟第四次首脑会议决定接受印度为其"部分对话伙伴"，标志着东盟与印度关系开始恢复。1995年印度成为东盟正式"对话国"，1996年加入东盟地区论坛。2002年11月，印度与东盟的第一次首脑峰会在柬埔寨金边举行，正式形成了第四个"10＋1"机制，标着印度东盟"10＋1"机制提升到了最高级别。印度政府提出建立以东盟为核心，加上中、日、韩、印四国的合作新机制，进而发展成为"亚洲经济共同体"的设想，正式标志着其"东向"政策的地域定位已超越东盟，延展至整个东亚和南太地区。2010年1月1日，印度－东盟自由贸易区如期生效，这既是印度－东盟关系史上的标志性事件，更是印度"东向"政策的阶段性成果，是印度实现亚洲战略抱负的第一步。

印度的"东向"政策是以东盟作为进军亚太地区的跳板，以参与东盟峰会、东盟地区论坛、东亚峰会作为自己大国身份认可的试金石，逐渐在亚太地区找到自己的落脚点。东南亚地区非但是其主要角力场，甚至将决定其双边关系与东亚整合运动的未来发展方向。"东向"政策实施后，印度与东盟的关系获得了巨大突破。这既是印度自身努力的结果，也是东盟平衡外交的需要。东盟愿意增进与印度关系，一方面是考虑到经济利益，另一方面则是希望印度成为一把"留着下雨天用的雨伞"。东盟历来奉行大国均衡政策，不愿意单个大国独自在东南亚地区发挥影响。从牵制中国出发，在亚太地区展开大国外交周旋，进行"平衡外交"，将国际战略地位正在上升的印度纳入视野，迅速接近之、亲近之。而印度也竭力通过"东向"政策向亚太国家，特别是东南亚各国和中国学习借鉴经济改革、发展的经验，充分吸引外资，开辟印度的海外市场，迎接经济全球化的挑战。

在此背景下，印度努力推行的"东向"政策势必对中印关系产生巨大的影响。有印度学者认为，中国在东南亚有自己的特殊目标：①确保这一地区友好地对待中国，如有可能，顺从中国的崛起；②为中国西南省份攫取更多的经济利益；③排挤至少是抵消美国和印度在这一地区的影响；④最为特别的一点，确保缅甸作为中国原材料进口国和中国进入印度洋的通道。因此，从地缘政治角度上分析，印度会致力于把中国看做其竞争对手，其"东向"政策有抗衡中国、在亚太与中国竞争的意图。印度"东向"政策对中国的地缘政治压力正体现在其积极发展与印度尼西亚、越南等国家的军事关系上，还把印度的影响力从孟加拉湾扩展到南中国海，并把触角伸向对中国有着战略性重要地位的马六甲海峡甚至中国的南海地区。故有学者偏重分析印度"东向"政策中"遏制中国"的成分，认为"东向"政策"包含着浓重的军事色彩，其覆盖面涉及中国重大的国家安全利益分布，推进方向是中国重要的安全战略空间所在，与中国国家安全产生千丝万缕的关联。而且，由于印度与中国的战略矛盾，中国成为印度'东进'战略的矛头指向，对中国国家安全将产生深远影响。"① 但笔者认为，在目前阶段，印度政府所推行的"东向"政策还远没有达到它所设定的目标，更谈不上对中国安全战略形成威胁。在经贸合作上，"中国与东盟的经济相互依存度远超过印度－东盟关系，而且在未来相当长一个时期，印度都不大可能赶上中国，这是由中国的经济实力所决定的，因此对印度在东南亚地区与中国竞争的前景，中国应该持乐观的态度，并基于此对印度与东盟的经济合作表示欢迎，不必过于计较印度可能在某个领域夺去中国的部分市场。"② 2010 年中国与东盟贸易额创历史新高，达 2927.8 亿美元，③ 而印度与东盟双边贸易额才 500 亿美元。④ 可以肯定，印度"东向"政策如要取得更大进展，在印度谋求"抑华"、"制华"的同时，还要进一步改善对华关系，与东亚其他国家发展关系时同中国进行磋商与合作。

---

① 陆俊元：《印度"东进"战略及其对我国家安全的影响》，《江南社会学院学报》2008 年 6 月第 10 卷第 2 期，第 22 页。

② 赵干城：《印度"东向"政策的发展及意义》，《当代亚太》2007 年第 8 期，第 16 页。

③ 《许宁宁：中国东盟合作进入新时期》，中国网，http：//www.china.com.cn/economic/txt/2011－01/26/content_ 21820039.htm，2011－01－26。

④ 《印度继续推进"东向"政策》，中国新闻网，http：//www.chinanews.com/cj/2011/03－04/2882790.shtml，2011－03－04。

四　印度"东进"政策与云南"桥头堡"建设的竞争

印度实施"东向"政策20年来，取得了巨大的成就。在取得前期阶段性成就的基础上，2010年，印度副总统安萨里提出，印度不仅要实施"东向"政策，更要实施"东进"政策（Go East Policy）。至于"东进"政策的具体内容，印度政府目前还没有给出详细而具体的说明，学术界也没有展开更多的讨论。

印度不甘心其与东盟的关系落后于中国，积极利用一切机会进行追赶，并不遗余力地通过建立地区合作组织与东盟国家开展合作。印度这些举措对云南面向西南开放的"桥头堡"建设的实施将产生深远的影响。

1997年，在印度大力推动下成立了"印孟斯缅泰五国合作组织"，这是南亚和东南亚国家之间第一个区域性经济合作组织，也是印度"东向"政策的结果。1998年11月，在印度德里召开的"中印地区发展国际研讨会"上，云南省经济研究中心提出"孟中印缅次区域经济合作"（BCIM经济合作）的构想，得到了中印双方代表的热烈响应和一致赞同。1999年8月，在昆明召开了以"迈向21世纪的孟中印缅地区经济合作与发展"为主题的"第一次中印缅孟地区经济合作与发展国际研讨会"。与会代表在合作原则、目标、重点、运作框架等许多重要问题上形成广泛的一致意见，通过了具有重要指导性意义和里程碑意义的"昆明倡议"。但印度一直对中国怀有戒备心理，一方面想加深与中国的经济联系，以此促进自己的经济成长；另一方面又对中国心存疑虑，担心中国势力通过这一地区的合作长驱直入印度，所以对合作表现出犹豫，致使"孟中印缅次区域经济合作"在过去的十多年，除了召开9次论坛会议外，并没有取得任何实质性的成果。印度对"昆明倡议"的态度对缅甸和孟加拉国造成消极影响，致使这些国家对昆明论坛机制性合作的兴趣大为减弱。因此，"孟中印缅次区域经济合作""尽管有四国的政府高级官员参加过论坛，甚至也有中央政府的高级官员参加，但严格来讲，BCIM经济合作论坛属于四国专家学者交流的平台,它并不是区域经济合作组织。"①

2000 年 11 月,印度与越南、柬埔寨、缅甸、老挝、泰国共同签署了《万象宣言》,决定成立"恒河 – 湄公河合作组织"。印度本来并不属于湄公河流域国家,这一组织的建立让印度参与了湄公河流域开发计划,并以此为门槛跨进了东南亚多国的土地。"虽然印度官方不时地表示支持中印缅孟区域合作,其所做的一些事情(比如在印缅边境修建长达 100 英里的公路)看似是对建设中印缅孟大通道的一种贡献,但实际上是在着眼'东进'战略。就目前而言,印度真正感兴趣的还是通过推进由其主导的湄公河 – 恒河合作发展计划加紧向东南亚的渗透。"② 2003 年 9 月 4 日,瓦杰帕伊宣布:"连接印缅泰的公路项目已经开始,根据湄公河 – 恒河合作计划,我们正在着眼于新德里和河内的铁路连线。印度计划用 10 年时间修建新德里 – 河内铁路,来完善与越南的战略伙伴关系。"③ 印度与大湄公河流域国家发展陆上交通,将打通这条"东进"之路,与中国积极推动泛亚铁路"南北走廊"竞争,意在通过"恒河 – 湄公河合作组织",与中国主导的"大湄公河次区域经济合作"对抗,为新德里超越湄公河开辟一个新贸易走廊,以改变印度与中国在湄公河领域竞争中的劣势,防止中国势力的扩张,这"将可能延缓云南'物流、生产和引资'中心的建设,影响云南为进一步扩大对外开放而打造的'一个通道、两个基地、三大市场和四条走廊'局面的形成,云南借助国际铁路公路大通道建设改善基础设施、调整产业结构的契机也有丧失的可能"。④

印度还特别强调其与缅甸的合作,以削弱中国在缅甸的强大影响力。首先,印度与缅甸就反叛问题展开成果丰硕的合作,双方的武装部队实现了互访。1995 年 5 月,双方开展了"金鸟行动"演习。1998 年 2 月,印

---

① 查朝登:《孟中印缅(BCIM)经济合作构想面临的问题》,《云南商务》2009 年第 4 期。
② 唐璐:《乃堆拉山口开放后对中印缅孟区域合作的几点思考》,《南亚研究季刊》2003 年第 4 期,第 7 页。
③ 唐璐:《同中国角力 印度把铁路铺到河内》,《国际先驱导报》2003 年 9 月 12 日。
④ 段学品、张海夫:《印度"东向"政策对云南面向东南亚南亚开放的影响》,《学术探索》2009 年第 1 期,第 75 页。

度军队针对军火走私开展了"水蛭行动"，缴获了大量的武器弹药。1999年，缅甸军队在印度－缅甸－孟加拉三角地带追逐"阿拉干（Arakan）穆斯林武装"时深入印度境内300米。2000年，时任印度陆军参谋长的马立克将军带领一个16人的军事代表团访问了缅甸。缅甸军队反复重申，印度当局可以在追逐其反叛组织时进入缅甸领土。其次，双方在防务和供应武器装备方面加强合作。2007年，印度高级官员和军队高官访问了缅甸，并向缅甸提供装备、培训和合作，以便印度随时对印度的反叛武装进行惩罚性打击。事实上，印度空军也向缅甸出售过包括直升机和Bharat Heavy Electricals公司制造的雷达等硬件装备。最为重要的是，印度为科钦海军基地的缅甸空军军官提供培训，训练他们使用复杂的防御装备和飞机。印度也以友好的价格向缅甸出售源自英国的海军巡航机，尽管后来遭到英国的限制。印度还向缅甸出售小口径武器、弹药和先进的信号装置，这一切都是为了提高缅甸军队打击反政府武装的能力。印度也渴望与缅甸在能源和打击反政府武装方面进行合作。再次，印度积极发展与缅甸在其他领域的关系，从公路、电力、水电、炼油到通信、IT等。印度与缅甸的经贸合作也取得了可喜的进步，包括边贸、莫雷的边境贸易点建设、在印度东北邦那加兰等地新设贸易点、把印缅边境贸易协定的项目提升到18个。

尽管瓦杰帕伊宣称中印两国在东南亚的竞争是"健康的竞争"，但客观上给云南与上述国家的合作带来了困难，云南的区域优势和先导作用受到了影响。有学者指出，鉴于印度自身的出口状况、中印经济发展阶段和进出口结构相似、双方在贸易和资源方面存在竞争这三大现实，中印贸易摩擦或将增多。

五 "桥头堡"建设与"东进"政策
之间巨大的合作潜力

在中印自由贸易区建设还不能取得更大进展的时候，云南的"桥头堡"建设可以为中印贸易提供一个很好的选择。2000 年后，印度东北地区的发展问题也在"东向"政策的考虑之中。最初的"东向"政策中开放印度东部走廊并不是为了发展印度东北地区，而是为了印度向东部亚洲国家开放，是以开放印度的陆路来取代向东的海路，印度东北地区正好处在这一陆路之中。随着贸易的扩大、外资的流入，东北地区在印度的经济全局中的地位日益提升。因此，东北地区在印度政府的经济和地缘政治格局中占有至关重要的地位。这样，"东向"政策的意义就发生了变化。2004 年，印度总理辛格提到，阿萨姆是印度的"东向之门"。这提升了印度东北地区在印度"东向"政策中的作用。这被认为是印度实施"东向"政策的第二阶段。

而与印度东北地区相连的云南是中国、东南亚、南亚三大地区的接合部，它处于中国、东南亚、南亚三大经济圈的边缘和交叉点。在新的历史机遇下，它又将进一步展示出连接"三亚两洋"的巨大功能。从地缘经济的角度来看，两地陆上距离仅 500 多公里，而且地势相对平缓，既无高原、荒漠的阻隔，又无严寒、台风肆虐的侵扰，可以保持一年四季通行。因而，使云南和印度东北地区成为中印这两个最大的发展中国家之间进行陆上经贸联系的主流通道应是两国的最佳选择。

随着我国改革开放的不断加深，为进一步扩大对外开放的空间，在东部沿海地区取得改革开放的成功后，西部大开发战略和扩大沿边开放就提上了议事日程。在南亚地区板块上印度的国土面积占到了总面积的 72%，人口数占到了区域内总人数的 76%，经济总量占了南亚国家经济总量的 80%。在南亚地区，无论国土面积、人口数量，还是经济总量，印度都是该区域内的"超级大国"。

2010 年 5 月，新加坡国立大学东亚研究所所长郑永年在《被低估的中印关系》一文中写道，"对中国而言，亚洲具有战略重要性，仅次于中美关系的双边关系是中印关系。中印关系的重要性一直被低估，而且印度是一个上升中的大国，其行为有很大的不确定性，中国需要加强重视。"① 因此，要了解南亚必须先解读印度，要考虑面向南亚开放的国际战略，就必须把印度摆在首位。云南实施"桥头堡"建设，就必须把与印度"东向"政策相契合的地方找出来，探寻双方合作共赢的路径。

近些年来，印度实施的外交努力以经济外交为核心，并从政治、区域安全等多领域全方位展开。从 2002 年到 2008 年，中印贸易额增长了 9.5 倍，年均增幅已达到 47.9% 这个世界罕见的速度！中国已成为印度的第一大贸易伙伴，印度也成为中国的第十大贸易伙伴。2011 年，中印贸易额达 739 亿美元的历史新高，比 2010 年的 617 亿美元增长了 122 亿美元。

印度政府认为，经过 20 年的努力，印度已经完成了"东向"政策的两个阶段，其中第二阶段的特征则在于"建立自由贸易区安排，并在该地区各国与印度间建立制度化的经济联系"；"通过加强与外部世界特别是与东盟的联系以开发印度的东北部地区"，② "把偏僻、落后，且离心倾向十分强烈的印度东北部诸邦从一个安全负担转变为经济机会之地。"③

因此，印度东北部诸邦的发展就是云南"桥头堡"建设难得的机遇。2000 年 5 月，印度东北七邦首席部长一起向新德里呼吁，要求重开滇缅公路即史迪威公路，以便为东北地区同缅甸和中国云南以及东南亚各国进行跨国界的贸易提供方便。他们说，允许沿国际边界线进行贸易会给这一本来是骚乱遍地和经济落后的地区迎来一场"经济上的革命"，重新开放这条公路有可能使东北地区成为东南亚国家和印度进行自由贸易的活动中心和通向南亚各经济中心的门户。

2002 年 11 月，印度经济学家普拉比尔·蒂来昆明访问期间，与云南省政府研究室共同提出并签署了开展研究合作项目的《谅解备忘录》，确

---

① 郑永年：《被低估的中印关系》，《21 世纪》2010 年 5 月 18 日。

② Nityanand Deva，"India's Look-East Policy"，http：//www. indianmba. com/Occasional _ Papers/OP104/op104. html.

③ C. Raja Mohan，*Looking East：Phase Two*，The Hindu，2002 – 04 – 11.

定双方合作开展"中国云南省与印度西孟加拉邦交通基础设施、贸易及经济研究"项目，该合作取云南省省会昆明和西孟加拉邦首府加尔各答英文名中的第一个字母，表示为"K2K"合作。8 年来，先后在西孟加拉邦首府加尔各答及云南省省会昆明成功举办了 5 届"K2K 国际合作研讨会"。2008 年 11 月在云南大理召开的 K2K 论坛第四次会议期间，双方签署了《大理倡议》，将"K2K 国际合作研讨会"升级为"K2K 国际论坛"，并倡议成立"K2K"论坛合作工作组，负责联系和协调双方在论坛机制下的各项交流与合作。"K2K"成为云南和西孟加拉邦两个省邦之间开展双边对话、增进互信，加强经贸、旅游、交通、文化和教育等多个领域合作与交流的重要平台。2011 年，在印度加尔各答召开的第五次"K2K 国际论坛"以积极探索合作的潜力为主题，就如何在更大的框架范围内进一步扩大双边合作的问题，进行了深入细致的讨论，并发表了《加尔各答声明》，确定了双方合作的重点领域，一是交通合作，二是制造业合作，三是生物技术合作。

从 2002 年到 2008 年，云南的对外贸易总额从 22.3 亿美元一跃成为 95.99 亿美元，年均增速达到了 27.6%。而其中云南与印度的贸易额则从 5848 万美元增长为 5.8557 亿美元，增加了 9 倍，年均增速达到 46.8%，从而使印度成为云南 130 多个国家和地区的贸易伙伴中增长最快的国家。云南与印度贸易额连续 3 年增长，2009 年，滇印累计进出口达 3.7 亿美元，同比增长 77.56%；2010 年，云南对印进出口累计达 6.8 亿美元，同比增长 79.1%；2011 年 1~11 月，云南对印进出口累计达 7.8 亿美元，同比增长 20.1%。[①] 云南与印度的合作，一方面可分享印度与东南亚国家发展经济关系带来的好处；另一方面也可把云南与东南亚的经济合作延伸到印度，最终实现中国、东南亚、南亚三大市场的结合，开辟新的从陆路连接印度洋的贸易和能源资源通道。

2010 年 1 月，"中国（云南）-印度合作论坛"在昆明举行。与会

---

① 《云南日报》2012 年 1 月 11 日。

专家提出，要把中印关系置于亚洲经济一体化的框架下进行考量，中印合作不仅会影响到两国，也将对连接东亚和南亚、对亚洲经济一体化产生重要影响。与会代表普遍对中印经贸合作的意义给予了高度评价。认为中印作为世界上最大的发展中国家，发展全面的合作关系符合两国的共同利益，不仅有利于避免两个崛起中大国的不良竞争甚至恶性竞争，也有利于减少外交和经济资源的不必要消耗。

2010 年 9 月，在昆明举办的"中国（云南）－印度贸易投资合作研讨会"拉开了新一轮云南与印度合作的大幕。云南知名的高科技企业云南山澜图像传输科技有限公司已经与印度相关软件公司合作多年，开发出应用于远程医疗诊断的软件技术，目前已经在全国许多医院广泛应用；中国最大的化肥生产和出口企业云天化集团有限责任公司与印度钾肥公司等建立战略伙伴关系，前者成为印度主要的磷肥供应商之一。印度驻广州总领事潘迪在接受云南网专访时，也极力邀请云南企业到印度投资。"印度近年经济发展迅速，但基础建设相对落后，尤其是电力的短缺一直困扰着印度，而云南在水电开发上，积累了丰富的经验，如果云南企业到印度投资电力，印度政府是很欢迎的。"[1] 目前印度正着力加强基础设施建设，政府部门计划于 2012 年前在基础设施建设方面投资 5000 亿美元，其中 1000 亿美元用于电力扩展。据印度电力部门有关负责人说，印度计划在 2012 年将全国总装机容量增加到 2 亿千瓦，在输变电领域将投资 1100 亿美元。在未来几年，印度规划了大约 1 亿千瓦的发电项目和非常可观的输变电项目。

六 "桥头堡"建设与"东进"政策在缅甸的有效对接

缅甸是印度"东进"政策的目标之一。近年来印度致力于改善发展

---

[1] 《投资印度，云企要有"低姿态"》，云南网，http：//finance. yunnan. cn/html/2010－08/02/content_ 1284967_ 3. htm，2010－08－02。

与缅甸的关系，取得较快进展。印度积极参与缅甸的公路、码头等基础设施的建设，与缅甸保持着一定的高层往来，并希望在若干年内逐渐赶上中国在缅甸的影响。印度改善对缅关系的原因是多方面的，但中国因素无疑是最为重要的一个原因。印度希望增强对缅甸的影响力，使缅甸减少对中国的依赖，减弱中国进入缅甸对印度安全的威胁。因此，缅甸是中印在该地区利益重合的一个国家，也将是云南"桥头堡"建设与印度"东进"政策契合的重要地区。

印度快报战略事务编辑拉贾·莫汉发表了一篇题为《中印不妨在缅甸合作搞投资》的文章指出："缅甸能够为中印提供通向海洋和国际市场的天然通道。中印则在缅甸的稳定和发展中起到关键作用。中印都正在缅甸发展过程中进行大量投资，两国是否可能考虑在那里进行未来的经济合作？中印官方的对话中已有在第三国共同开发项目的想法。缅甸很可能成为中印开办经济、能源和运输合资企业的首个舞台。"① 所以，答案是肯定的。这既可以减少缅甸对中印两国的顾虑，又可以为中印两国的合作开辟一个新领域。

（一）中印两国在缅甸能源领域的合作

中国和印度在 21 世纪的崛起已是不争的事实，但两国的发展也面临诸多相同的问题，能源需求就是重点之一，两国对能源的需求日益增长，对石油及天然气进口的依赖程度也在增加。中国在 1993 年开始变成了一个主要的石油进口国，而印度自从"二战"以来就一直是能源进口国；中国 1/3 的石油消费需要进口，而印度 2/3 的石油仰仗国际市场。国外媒体近年来十分关注中印两国在海外寻找石油和天然气资源，中印进行激烈竞争的报道经常见诸报端。但近年来，两国在能源领域的合作已经开始，并正在加强。2007 年 4 月，温家宝总理访问印度时，强调能源合作是中印双边合作不可分割的一部分。两国总理发表的联合宣言第九条就是关于双

---

① 《东方早报》，http://www.dfdaily.com/html/51/2010/7/30/503443.shtml，2010 - 07 - 30。

方在能源安全和节能领域开展合作，包括鼓励两国有关部门和单位在第三国协作勘探和开采石油天然气资源。2008 年 2 月，印度石油天然气部长艾亚尔在访华时与中方代表签署了中印《加强石油与天然气合作》的备忘录。

2004 年，中国国家石油公司和印度国营石油天然气公司在苏丹"大尼罗河项目"中采取分别买入股份的形式，成为事实上的合作伙伴。中国在喀土穆建造了一个炼油厂，而印度建造了一条管道，把提炼好的产品输送到附近的一个港口后再出口。2007 年底，上述两家石油公司又通过联合竞标，成功购得在叙利亚的加拿大石油公司 38% 的股份，总价格为 5.78 亿美元，中印公司各自拥有一半的比例。这是中印能源合作中的一次重大行动。正如印度石油天然气部秘书特里帕蒂指出的，"这是一个重要的里程碑"，"它开辟了这样一种可能性，即任何时候，只要有可能性，中印两国就合作，而不是到处竞争"。[①]

中印两国在缅甸的能源合作就是一个成功的范例。1950 年代，中印缅三国共同创建"和平共处"五项原则。21 世纪，三国在缅甸的能源开发问题上再次展开合作。2010 年 9 月 9 日，从缅甸皎漂到云南昆明的中缅石油天然气管道工程正式动工。印度政府批准印度国家石油公司和印度天然气有限公司向中缅天然气管道分别投资 1.78 亿美元和 8388 万美元，从而分别占该项目 8.35% 和 4.17% 的股份。

（二） 中印在缅甸的通道合作

有着辉煌历史的史迪威公路始建于 1942 年 12 月，1945 年初正式通车。它始于印度东北部阿萨姆邦的重镇雷多，穿越缅甸北部重镇密支那，终点是云南昆明。这条在抗日战争中发挥过重要作用的跨国公路，为中国抗日战场运送了 5 万多吨急需物资，是一条名副其实的"抗日生命线"。在新世纪，史迪威公路是连接中国和印度这两个当今世界上人口最多、经济发展速度最快的国家的最便捷通道，是中国走向南亚大市场最便捷、最

---

① 郑瑞祥：《中印能源合作是大势所趋》，《环球时报》2008 年 2 月 2 日。

具经济吸引力的陆路大通道。重开史迪威公路,可以把中国东部和东南亚的新兴生产基地与印度及南亚其他国家的广大市场连接起来。

史迪威公路以其巨大的发展潜力吸引着中印缅三国,中印两国曾先后数次倡议重修。中国政府尤其是云南地方政府积极推动,率先修建中国境内的史迪威公路,并主动帮助缅甸重建腾冲至密支那的公路。印度东北地区的 7 个邦也签署了联合合作计划,准备重修史迪威公路。1999 年第一次"中印缅孟地区经济合作会议"召开时,提出要重点加强区域交通网络建设,重修史迪威公路提上日程。

随后,中印双方就在缅甸进行公路和铁路建设的合作达成一致,史迪威公路的重建工作有了新的进展。2007 年 4 月 26 日,中国修建的史迪威公路北线腾冲至密支那公路建成通车。2007 年,印度边境道路组织投资 50 亿卢比修建其东北部地区与史迪威公路相连接的公路网,完成印度境内路段的重修工作。2009 年,印度完成了从雷多到缅甸班哨的公路。目前,中印两国正在积极沟通,争取早日完成史迪威公路的重建工作,为中印缅三国边远地区的经济发展作出重大贡献。

总之,云南"桥头堡"建设与印度"东进"政策,是新的国际形势下中印两个最大的发展中国家不约而同的战略决策。放眼未来,双方完全可以建立起更深层次、更广领域的合作。目前,学术界对两者之间的关系还没有进行深入的研究,但毋庸置疑,"桥头堡"建设与"东进"政策之间的合作潜力将是巨大的!

印度的海军战略[*]

——兼论印度对中国印度洋政策的认知

孙现朴^{**}◎

【内容提要】 自印度独立以来，印度海军战略先驱就提出了印度的国家安全取决于印度洋的战略思想，然而由于国家实力限制以及印度将其国防力量集中于陆上防务，冷战时期印度忽视了海军力量建设。冷战后随着印度经济崛起和人民党上台，印度开始大力发展海军。印度海军的战略意图主要有追求大国地位、保证能源供给安全、为国内经济发展提供良好的安全环境以及保护海外利益和人员安全。印度对中国印度洋政策的认知具有两面性，一方面认为印度洋成为中印之间潜在的冲突点，另一方面认为中国目前提升影响力的手段和战略意图为中印两国合作提供了空间。

【关键词】 印度海军 战略 意图 中国

从地理角度来看，印度洋是世界第三大洋，然而与太平洋和大西洋的开放性质不同，印度洋被亚洲、非洲、大洋洲所包围，成为半封闭型的海洋。尽管印度洋地区拥有大量的人口，其战略位置极其显要，但是在世界政治中，印度洋长期以来是被人遗忘的区域。从 20 世纪 60 年代末以来，印度洋的战略地位逐渐为世界重新发现。① 尤其是 21 世纪以来，印度洋

---

 * 本文受国家社科基金西部项目"印度的印度洋战略研究"资助，项目编号：11XGJ005。

** 孙现朴，云南大学国际关系研究院 2011 级博士生。

① Christian Bouchard and William Crumplin, "Neglected no Longer: the Indian Ocean at the Forefront of World Geopolitics and Global Geostrategy", *Journal of the Indian Ocean Region*, Vol. 6, No. 1, June 2010, p. 27.

地理位置的独特性注定它在世界政治中扮演着重要地位。随着中印等新兴国家的崛起以及印度洋沿岸作为世界能源产地地位日益重要，印度洋地区正在成为中美印等海军力量角逐的新场所。

21 世纪随着各国对印度洋战略地位重要性的重新发现，印度洋地区正在成为国际关系研究的热点问题。[①] 印度洋战略地位提高的主要因素是：①波斯湾石油、印度洋航线安全以及重要的战略要冲；②印度洋地区不稳定的社会政治环境；③美国对印度洋地区的军事干预，中国在印度洋不断提高的影响力以及印度作为真正海军强权的崛起。[②] 印度洋地区的相关利益国家开始密切注视其他相关利益国家的海洋战略，特别是作为印度洋地区最大国家的印度，其海军战略正在成为印度洋地区相关利益国家关注的焦点。

印度是印度洋地区的天然大国，印度半岛就像一把利剑插入印度洋腹地，其领土被印度洋三面包围，西面的阿拉伯海和东面的孟加拉湾成为保证印度安全的侧翼。自独立以来，印度就认识到印度洋对印度国家安全的重要性，然而由于独立初期印度主要将其防务力量集中在应付南亚次大陆的陆上防务，以及冷战时期国力所限，因此印度对海军的投入不够。随着

---

① 关于印度洋战略地位的英文论文主要有：Robert D. Kaplan，"Monsoon：the Indian Ocean and the Future of American Power"，New York：Random House Trade Paperbacks，2011；Michael F. Davis，"The Indian Ocean：A Focus of World Interest"，*Journal of Area Studies*（*Series 1*），Vol. 1，No. 2，1980；Sanjay Chaturvedi，"Common Security？Geopolitics，Development，South Asia and the Indian Ocean"，*Third World Quarterly*，Vol. 19，No. 4，1998；Anand Mathur，"Growing Importance of the Indian Ocean in Post‐Cold War Era and Its Implication for India"，*Strategic Analysis*，Vol. 26，No. 4，2002；Christian Bouchard and William Crumplin，"Neglected No Longer：The Indian Ocean at the Forefront of World Geopolitics and Global Geostrategy"，*Journal of the Indian Ocean Region*，Vol. 6，No. 1，June 2010；Robert D. Kaplan，"Center Stage for the Twenty-first Century：Power Plays in the Indian Ocean"，*Foreign Affairs*，Vol. 88，No. 2，March/April，2009。中文论文主要有：宋德星、白俊：《"21 世纪之洋"——地缘战略视角下的印度洋》，《南亚研究》2009 年第 3 期；马加力：《冷眼向"热"洋——〈21 世纪的印度洋〉介评》，《现代国际关系》2003 年第 10 期；楼春豪：《印度洋新变局与中美印博弈》，《现代国际关系》2011 年第 5 期。

② Christian Bouchard and William Crumplin，"Neglected No Longer：the Indian Ocean at the Forefront of World Geopolitics and Global Geostrategy"，*Journal of the Indian Ocean Region*，Vol. 6，No. 1，June 2010，p. 27.

1991 年印度国内进行经济自由化改革，印度经济得到迅猛发展，海洋安全和海洋利益在印度经济发展过程中扮演的作用愈发重要。尤其自印度教色彩浓厚的人民党上台后，印度加大对防务经费的投入，对海军的重视提升到了新的高度，印度海军战略开始融入其追求大国地位的大战略中。随着对海军建设重视程度的提高，印度正在崛起为印度洋地区真正的海军强权。①

本文共分为三个部分。第一部分阐述了印度自独立以来各个时期的海军战略，第二部分剖析了印度海军战略意图，第三部分考察了印度对中国印度洋政策的认知。

---

① 国内学者关于印度海军战略的相关论文主要有：王新龙：《印度海洋战略及其对中国的影响》，《国际论坛》2004 年第 1 期，第 43 ~ 46 页；郑励：《印度的海洋战略及印美在印度洋的合作和矛盾》，《南亚研究季刊》2005 年第 1 期，第 113 ~ 120 页；马加力、徐俊：《印度的海洋观及其海洋战略》，《亚非纵横》2009 年第 2 期，第 47 ~ 52 页；张威：《印度海洋战略析论》，《东南亚南亚研究》2009 年第 4 期，第 16 ~ 20 页；马嫚：《试析印度的海洋战略》，《太平洋学报》2010 年第 6 期，第 74 ~ 80 页；陶亮：《印度的印度洋战略与中印关系发展》，《南亚研究》2011 年第 3 期，第 53 ~ 65 页；宋德星：《新时期印度海洋安全战略探析》，《世界经济与政治论坛》2011 年第 4 期，第 38 ~ 51 页。国外学者的相关论文主要有：K. R. Singh, "India, Indian Ocean and Regional Maritime Cooperation", *International Studies*, Vol. 41, No. 2, 2004, pp. 195 – 218; David Scott, "India's 'Grand Strategy' for the Indian Ocean: Mahanian Visions", *Asia-Pacific Review*, Vol. 13, No. 2, 2006, pp. 97 – 129; Harsh V. Pant, "Indian Navy's Moment of Reckoning: Intellectual Clarity Need of the Hour", *Maritime Affairs*, Vol. 5, No. 2, Winter 2009, pp. 32 – 46; Shiv Shankar Menon, "Maritime Imperatives of Indian Foreign Policy", *Maritime Affairs*, Vol. 5 No. 2 Winter 2009, pp. 15 – 21; Harsh V. Pant, "India in the Indian Ocean: Growing Mismatch BetweenAmbitions and Capabilities", *Pacific Affairs*, Volume. 82, No. 2, Summer 2009, pp. 279 – 297; James R. Holmes and Toshi Yoshihara, "Strongman, Constable, or Free-Rider? India's 'Monroe Doctrine' and Indian Naval Strategy", *Comparative Strategy*, Vol. 28, No. 4, 2009, pp. 332 – 348; C. Raja Mohan, "India and the Changing Geopolitics of the Indian Ocean", *Maritime Affairs*, Vol. 6 No. 2, Winter 2010, pp. 1 – 12; Don Berlin, "The Rise of India and the Indian Ocean", *Journal of the Indian Ocean Region*, Vol. 7, No. 1, 2011, pp. 1 – 31; Smt Nirupama Rao, "India as a Consensual Stakeholder in the Indian Ocean: Policy Contours", *Journal of the Indian Ocean Region*, Vol. 7, No. 1, 2011, pp. 126 – 130; Joshy M. Paul, "Emerging Security Architecture in the Indian Ocean Region: Policy Options for India", *Maritime Affairs*, Vol. 7, No. 1, 2011, pp. 28 – 47; C. Raja Mohan, "From Isolation to Partnership: The Evolution of India's Military Diplomacy", *ISA S Working Paper* (Sigapore: Institute of South Asian Studies, National University of Singapore), No. 144 – 20, February 2012; 笔者在写作过程中参考了上述研究成果的相关表述，在此致以真挚的谢意。

一 印度海军战略的演变

（一） 冷战时期印度的海军战略

印度独立之后，印度政府的主要精力放在巩固其在南亚次大陆的主导权和国内政治事务中。当时印度国力有限，"印度的防务费用大约占国民生产总值1.8%"[①]，在独立初期印度对其海军发展采取了消极态度。当时印度海军的主要任务是对抗巴基斯坦海军，对巴基斯坦的两翼进行海上威慑。

然而由于西方海洋文明统治之下惨痛的殖民史，自印度独立以来，印度的海军战略思想家就将目光聚焦在印度洋，意识到印度洋对印度国家安全和未来发展的重要性。印度海军战略思想具有明显的马汉海权理论的色彩，特别是早期印度海军战略思想家深受马汉海权论的影响。印度战略分析家认为印度洋是其后院，印度需要扮演重要角色以保证其安全和稳定。[②] 印度海军战略思想先驱潘尼迦最早提出了印度应当大力发展海军主导印度洋的论断，潘尼迦认为："考察一下印度防务的各种因素，我们就会知道，从16世纪起印度洋成为制海权的战场，印度的前途不决定于陆地的边境，而决定于从三面环绕印度的广阔海洋。"[③] "就印度来说，它是个具有半岛特点的国家，而它的贸易又主要依赖海上交通，这就使得海洋对它的命运大有影响。印度有五千公里以上开阔的海岸线，如果印度洋不再是一个受保护的海洋，那么印度的安全显得极为可虑。"[④] 潘尼迦希望

---

① Harsh V. Pant, "India in the Indian Ocean: Growing Mismatch BetweenAmbitions and Capabilities", *Pacific Affairs*, Vol. 82, No. 2, Summer 2009, p. 283.

② Harsh V. Pant, "Indian Navy's Moment of Reckoning: Intellectual Clarity Need of the Hour", *Maritime Affairs*, Vol. 5, No. 2, Winter 2009, p. 34.

③ 〔印〕潘尼迦：《印度和印度洋：略论海权对印度历史的影响》，德隆、望蜀译，世界知识出版社，1965，第1~2页。

④ 〔印〕潘尼迦：《印度和印度洋：略论海权对印度历史的影响》，德隆、望蜀译，世界知识出版社，1965，第8~9页。

印度在印度洋地区执行"前进政策"以保证印度对印度洋的控制，① 即将英印殖民当局在南亚次大陆的"前进政策"运用到印度洋地区。潘尼迦希冀印度能拥有"二战"之前英国在印度洋地区的主导地位。潘尼迦主张印度应当在印度洋地区执行"前进政策"和建设强大海军力量的海军战略思想至今仍影响着印度海军战略思维。

瓦伊迪亚（Keshav Vaidya）在其 1949 年出版的《印度海军防务》中也提出了印度海军战略思想，并认为印度不仅应当保证印度洋沿岸地区的安全而且印度海军应当控制印度洋。瓦伊迪亚认为印度应成为印度洋水域无可争议的主导国家，印度应当建设三支海军舰队分别部署在孟加拉湾的安达曼、锡兰的亭可马里以及印度洋深水水域的毛里求斯，他与潘尼迦同样主张在印度的周边海域建立环形的印度海军基地。② 印度的早期海军战略思想家认为印度应当保证在印度洋的首要地位，印度的地理位置也决定了印度必须保证印度洋地区安全，特别是潘尼迦强调印度未来取决于印度洋。

虽然印度海军战略思想家已经意识到印度洋对印度安全和发展的重要性，然而印度政府在独立后却没有采取大力发展海军的战略。"印度对海军的发展沿袭了历史思维中'轻海洋'的传统。印度文职政府反对海军扩张，对英国海军的依赖一直持续到英国撤出印度洋之后"③。此外独立之后印度财力所限，而且当时印度的防务重点是在南亚次大陆，印度与巴基斯坦、中国陆上的较量始终处于国家安全的首要位置，因此印度有限的国防预算主要投入了陆上防务。当时印度海军的主要任务是协助陆军对巴基斯坦进行海上威慑，威胁东西巴基斯坦之间的海上交通线。

---

① David Scott, "India's 'Grand Strategy' for the Indian Ocean: Mahanian Visions", *Asia-Pacific Review*, Vol. 13, No. 2, 2006, p. 99.
② David Scott, "India's 'Grand Strategy' for the Indian Ocean: Mahanian Visions", *Asia-Pacific Review*, Vol. 13, No. 2, 2006, pp. 100 – 101.
③ 杨晓萍：《南亚安全架构：结构性失衡与断裂性融合》，《世界经济与政治》2012 年第 2 期，第 93 页。

从 1945 年到 1965 年基于印度主要将其防务放在次大陆，海军一直处于边缘角色，直到 1971 年第三次印巴战争，由于巴基斯坦独特的地理位置，① 印度海军在此次"肢解"巴基斯坦的战争中扮演了重要角色。② 与此同时，在第三次印巴战争期间，美国"企业号"航空母舰驶入孟加拉湾对印度进行海上威胁，使得印度重新思考海军建设。在此之前，美国在 20 世纪 60 年代就开始着手填补英国离开印度洋之后留下的权力真空，1966 年美国从英国手中租借迪戈加西亚群岛，1973 年美国在印度洋迪戈加西亚海军基地开始运转。③ 为了应对印度洋出现的新态势，印度媒体、议会、学术研究机构结成了游说团体要求提高海军军费。④ 此后，印度对海军的投入开始有所增加，1969～1970 年海军军费占印度防务总费用的 6.6%，1979～1980 年海军军费占防务总费用的 8.8%，⑤ 但是相对于美苏两国在印度洋的海军力量而言，印度仍然是印度洋地区的海军弱国。潘尼迦和瓦伊迪亚提出印度应当成为印度洋地区主导力量的海军战略，但随着美国印度洋政策的展开以及苏联入侵阿富汗后在印度洋地区频繁的活动，印度的海军战略目标已经越来越遥远。印度海军战略的目标依然停留在对抗巴基斯坦海军的威胁，保证印度海岸线的安全方面，印度并没有明确的印度洋战略。

20 世纪 80 年代，印度开始调整仅仅针对巴基斯坦海军威胁的海军战略以保护其不断扩展的海洋利益。1976 年国际海洋法实施，印度获得了

---

① 印巴分治后，巴基斯坦赢得独立，但是由于穆斯林人口分居南亚次大陆两翼，因此巴基斯坦由东巴基斯坦和西巴基斯坦组成，东巴和西巴之间相隔 1500 公里，印度洋成为东西巴之间唯一海上交通线。
② R. N. Misra, *Indian Ocean and Indian's Security* (Delhi, Mittal Publications, 1986), p. 214.
③ 可参见：Andrew S. Erickson, Ladwig C. Walter III and Justin D. Mikolay, "Diego Garcia and the United States' Emerging Indian Ocean Strategy", *Asian Security*, Vol. 6, No. 3, p. 221; David Scott, "India's 'Grand Strategy' for the Indian Ocean: Mahanian Visions", *Asia-Pacific Review*, Vol. 13, No. 2, 2006, p. 103。
④ R. N. Misra, *Indian Ocean and Indian's Security* (Delhi, Mittal Publications, 1986), p. 215.
⑤ David Scott, "India's 'Grand Strategy' for the Indian Ocean: Mahanian Visions", *Asia-Pacific Review*, Vol. 13, No. 2, 2006, p. 104.

广阔的专属经济作业区以及合法的大陆架，印度海军战略已经不仅限于保证海岸线安全和海岛的安全，还应当保证印度海洋资源的安全。印度与苏联的友好关系也使得印度在 80 年代得到苏联帮助扩展海军力量，拉吉夫·甘地总理也开始运用海军力量执行其外交政策，印度海军在 1987 年斯里兰卡内战的维和行动和 1988 年马尔代夫的军事行动中发挥了重要作用。

（二）冷战后印度的海军战略

冷战结束之后，印度洋地区战略格局发生了重大变化，苏联解体后美国成为印度洋地区唯一的超级大国。苏联解体不仅使印度失去了海军扩张的战略盟友，而且使印度失去了主要的经济援助和军事援助。在此背景下，印度国内开始经济自由化改革，为了给经济发展寻找突破口，1991年印度提出了"东向"政策加强与东南亚国家的联系。

苏联解体使得印度海军发展陷入了停滞状态，由于俄罗斯更加关注国内发展，印度在 20 世纪 90 年代早期很难再利用苏联的帮助扩展海军。苏联解体中断了印度主要舰船和武器的来源，印度海军发展停滞非常明显，1988～1997 年印度海军没有任何新的舰船部署。[1]此时印度依然没有向印度洋其他地区投射力量的能力，主要原因是资源有限和缺乏明确的海军战略。[2] 随着印度国内经济改革的深入，印度经济开始进入快速发展时期，印度开始有更多的资源投入海军建设。此外，冷战后海湾地区国家的动荡以及印度洋地区海盗等非国家安全行为主体也促使了印度发展海军力量。

1998 年印度教色彩浓厚的印度人民党上台之后，印度开始推行强硬的外交政策，在印度进行核试验之后，巴基斯坦也相应地进行了核试验，

---

[1]　David Scott, "India's 'Grand Strategy' for the Indian Ocean: Mahanian Visions", *Asia-Pacific Review*, Vol. 13, No. 2, 2006, p. 105.

[2]　Harsh V. Pant, "India in the Indian Ocean: Growing Mismatch BetweenAmbitions and Capabilities", *Pacific Affairs*, Vol. 82, No. 2, Summer 2009, p. 282.

两国战略关系出现了"恐怖核平衡"。基于南亚次大陆僵持的战略格局，"印度核试验后，印度的国防安全重心及相应的国防资源加速地向印度洋倾斜"①。"1998～1999 年印度国防预算上涨 14%，印度海军军费也增长17%，海军在国防预算中的比例也达到了历史新高 14.5%"，② 它标志着印度对海军战略的转向，印度海军将在印度洋地区采取进取型的海军战略。1998 年印度海军第一次发布了《战略防务评论》，阐述了海军目标以及运用海军力量的手段等，③ 同时阐明了印度的海军战略："强调印度必须拥有足够的海上力量，不仅能够防卫而且还能扩张印度的海上利益，更能够威慑任何海洋国家对印度的海上武力挑衅，充分应对地区外大国在印度周边的干涉。"④

印度加速对海军投入有着深刻的国际背景，自印度独立以来印度国防战略主要采取了"重陆轻海"的国防策略，主要原因是印度对自己主要威胁的判断来自陆上，印度认为巴基斯坦以及中国是印度安全的主要威胁，随着印巴同时掌握了核武器，印巴之间力量形成了某种平衡态势，印度也很难再通过战争方式达到国家战略目标，同时随着印度经济腾飞，印度已经不再满足于南亚地区强国的地位，印度开始追求尼赫鲁所提出的"有声有色"的大国地位，印度要走出南亚，印度认为印度洋可以成为印度实现大国地位的新平台。

进入 21 世纪后，随着印度经济的发展，印度战略利益越来越在印度洋地区存在，保护印度在印度洋地区的利益成为印度海军越来越紧迫的任务。印度政治家越来越重视印度洋主要有三层考虑：①防止敌对海军力量利用印度洋攻击印度；②为了贸易尤其是能源供应，保证海上交通线的安全；

① 张文木：《论中国海权》，海洋出版社，2010，第 123 页。
② David Scott, "India's 'Grand Strategy' for the Indian Ocean: Mahanian Visions", *Asia-Pacific Review*, Vol. 13, No. 2, 2006, p. 107.
③ James R. Holmes, Andrew C. Winner and Toshi Yoshihara, *Indian Naval Strategy in the Twenty-first Century* (New York, Routledge, 2009), p. 62.
④ 转引自陶亮：《印度的印度洋战略与中印关系发展》，《南亚研究》2011 年第 3 期，第 56 页。

③保证印度的海军力量存在。[①] 此后，印度开始在印度洋地区采取主动的外交态势。2003 年 11 月瓦杰帕伊表示："我们的安全环境从波斯湾到孟加拉湾，横跨整个印度洋——我们的战略思考已经延伸到了这些地区。"[②] 印度海军的活动范围同时扩展到了印度洋的外围。印度海军开始进入南中国海地区，印度的军舰开始在越南、菲律宾、印度尼西亚、韩国、日本的港口活动，这是印度海军首次拥有综合的战略计划。[③]

2004 年 6 月印度发布了《海军学说》，其主要思想是"印度海军应从当前的'近海防御'和'区域威慑'战略转向'远洋进攻'战略，通过重点发展战略核潜艇和航空母舰来建立可靠的海基核威慑能力，努力打造一支力量均衡、结构合理、具备相当威慑力的现代'蓝水'海军"。[④]《海军学说》表明了印度海军积极进取以控制印度洋的战略，加固了印度海军的马汉色彩。[⑤] 2006 年 5 月，印度海军出台了《印度海军展望》，表示为了支持印度不断上升的实力和责任，印度决心打造和保持三维、技术能力和网络能力保护其海洋利益和战略投送能力。[⑥] 2007 年 5 月印度海军发布了《印度海军军事战略》，提出了"印度的首要利益地区是：①阿拉伯海和孟加拉海，它们包括了印度大部分专属经济作业区、岛屿及附近水域。②印度洋上的战略要冲主要有马六甲海峡、霍尔木兹海峡、曼德海峡、好望角。③海岛国家。④印度石油的主要来源地——波斯湾。⑤印度洋地区的主要海上航线。次要利益主要有：①南部印度洋地区。②红海。

① David Scott, "India's 'Extended Neighborhood' Concept: Power Projection for a Rising Power", *India Review*, Vol. 8, No. 2, p. 114.

② Atal Behari Vajpayee, "Shrug off the Cold War, This is a New World", Nov. 7, 2003. http://www.indianexpress.com/oldStory/34830/.

③ Donald L Berlin, "Navy Reflects India's Strategic Ambitions", Nov. 6, 2004. http://www.atimes.com/atimes/South_ Asia/FK06Df05. html.

④ 马加力、徐俊：《印度的海洋观及其海洋战略》，《亚非纵横》2009 年第 2 期，第 51 页。

⑤ Harsh v pant, "Indian Navy's Moment of Reckoning: Intellectual Clarity Need of the Hour", *Maritime Affairs*, Vol. 5, No. 2, Winter 2009, p. 38.

⑥ Integrate Headquarters of the Ministry of Defence (Navy), The Indian Navy's Vision Document, New delhi, 2006 May.

③南中国海。④东太平洋地区。"① 同时"考虑到印度海军的现有条件，印度海军战略只能聚集到首要利益区域"②。印度的《海军学说》和《海军军事战略》给了我们一个途径了解印度政府的战略目标，尤其是印度希望利用海军来支持它们的国家安全目标，同时也表明印度未来在印度洋可能采取门罗主义。③

进入 21 世纪第二个十年后，印度更加重视海军的重要性。2012 年印度出台了一份报告《不结盟运动 2.0：21 世纪印度的外交和战略政策》，该报告的重要性显而易见，"虽然不是政府文件，但有强大的官方背景"④。报告中多次提到海军建设的重要性，描述了印度海军的新战略。由于通过"东向"政策试图连接印度和东南亚国家的目标仍然有待实现，在实践层面，印度洋是印度投放影响的唯一方向，因此印度军事力量的发展应当明显倾向于海军建设。鉴于现在印度军事力量仍然以大陆为发展方向，因此海军强权应当成为印度的战略目标。⑤ 印度的目标是大力发展海军，确保有能力实施对印度洋的控制。⑥

二 印度的海军战略目标

（一）印度洋成为印度追求大国地位的新平台

自独立以来，追求大国地位一直是印度外交的重要目标。印度的精英

---

① Admiral Sureesh Mehta, "Freedom to Use the Seas: India's Maritime Military Strategy", New Delhi, Integrated Headquarters Ministry of Defense (Navy), 2007 May, pp. 59 – 60.

② Admiral Sureesh Mehta, "Freedom to Use the Seas: India's Maritime Military Strategy", New Delhi, Integrated Headquarters Ministry of Defense (Navy), 2007 May, p. 60.

③ James R. Holmes, Andrew C. Winner and Toshi Yoshihara, *Indian Naval Stratedy in the Twenty-first Century* (New York: Routledge, 2009), p. 78.

④ 毛四维：《印度"不结盟 2.0"反对联美制华》，《联合早报》2012 年 3 月 30 日。

⑤ Sunil Khilnani, Rajiv Kumar and Pratap Bhanu Mehta, *Nonalignment 2.0: A Foreign and Strategic Policy for India in the Tmenty First Century*, p. 38.

⑥ 毛四维：《印度"不结盟 2.0"反对联美制华》，《联合早报》2012 年 3 月 30 日。

认为印度作为世界上仅有的几个拥有如此丰厚的人文资源和物质资源的国家之一，应当与俄罗斯、中国、美国成为同一等级的国家。① 冷战时期由于印度自身实力以及长期与巴基斯坦纠缠在南亚次大陆的现实，客观上导致其他国家很难承认印度的大国地位。冷战后随着经济崛起，印度正在努力走出长期局限于南亚僵局的困境，并开始打造其作为亚洲大国的角色。② 20 世纪 90 年代印度进行了一系列外交努力，如通过"古杰拉尔主义"寻求与南亚邻国达成谅解，以低姿态与周边国家交往以期塑造稳定的周边环境，改变自身在南亚奉行霸权主义的形象；通过"东向"政策积极发展与东南亚国家的联系。特别是随着"东向"政策第二阶段的实施，③ 印度更加坚定了走出南亚的决心。与此同时，印度向其南面印度洋扩展力量，希冀借助印度洋实现印度的大国地位。

印度与印度洋有着历史、文化、经济、政治联系。从历史上看，印度的稳定和繁荣与印度洋地区有密切联系，只有印度洋地区保持稳定，印度才能保证国内经济的持续发展，印度希冀通过大力发展海军来保证印度洋地区的和平与稳定。冷战后印度的海洋安全战略，明显反映了印度谋求成为世界头等强国的大国抱负。④ 印度希望通过向印度洋地区提供安全的方式实现自己的大国地位，印度洋已经成为印度实现大国地位的重要场所。印度海军总部已经开始重视帮助印度洋地区的弱国提升它们自身的能力，通过提供培训、顾问、设备等方式帮助这些国家。例如，印度帮助毛里求

---

① Stephen Philip Cohen, *India: Emerging Power* (Washington DC: Brookings Institution Press, 2001), p. 53.
② 〔英〕巴里·布赞、〔丹麦〕奥利·维夫：《地区安全复合体与国际安全结构》，潘忠岐、孙霞、胡勇译，上海世纪出版集团，2001，第 116 页。
③ 印度"东向"政策第二阶段的内容和意义可参见：David Scott, "Strategic Imperatives of India as an Emerging Player in Pacific Asia", *International Studies*, Vol. 44, No. 2, 2007, pp. 128 – 132；张力：《印度迈出南亚——印度"东向政策"新阶段及与中国的利益关联》，《南亚研究季刊》2003 年第 4 期，第 31 ~ 37 页；赵干城：《印度"东向"政策的发展及意义》，《当代亚太》2007 年第 8 期，第 12 页。
④ 宋德星、白俊：《新时期印度海洋安全战略探析》，《世界经济与政治论坛》2011 年第 4 期，第 51 页。

斯建立海岸警卫队，增强斯里兰卡管理本国水域的能力，提升莫桑比克、马达加斯加、马尔代夫监管它们自身水域的能力。① 印度与印度洋地区国家在文化、经济、政治等领域有着密切的联系，海洋安全也给了印度与印度洋国家之间合作的新方向。印度积极参加了几乎所有的印度洋地区和周边的地区性组织，主要有南盟（SAARC）、环孟加拉湾科技经济合作机制（BIMSTEC）、东盟地区论坛（ARF）、东盟（ASEAN）、海湾地区合作委员会（CCC）、南部非洲发展共同体（SADC）、非洲联盟（AU）。印度希望让印度洋地区所有相关利益国家在互信、互利的基础上建立合作关系。② 印度海军倡议召开的印度洋海军研讨会（Indian Ocean Naval Symposium，简称 IONS），为印度洋地区国家创建了第一个泛印度洋地区海军合作论坛，每两年召开一次。2008 年印度洋海军研讨会在印度首都新德里召开首次会议，有 26 个国家的海军代表参加了会议。2010 年 5 月印度洋海军研讨会在迪拜召开，参加会议的海军代表达到了 32 个国家，美国、英国、日本获得了观察员的地位。③ 尽管印度洋地区包括了从东南亚、南亚、中东到非洲的广阔地带，各个地区及国家拥有不同的政治、文化、历史特点，但是印度洋海军会议的召开说明各国希望通过合作的方式共同应对印度洋安全。印度洋海军研讨会不仅仅强调印度海军在印度国家安全和外交政策中所扮演的重要角色，而且也反映出印度试图通过多边主义方式掌控印度洋安全。④ 印度改变了之前怀疑其他海军强权在印度洋战略影响的思维，开始通过与印度洋地区存在的海军强权展开合作的方式管理印度洋安全。

---

① C. Raja Mohan, "India and the Changing Geopolitics of the Indian Ocean", *Maritime Affairs*, Vol. 6, No. 2, Winter 2010, p. 9.

② Smt Nirupama Rao, "India as a Consensual Stakeholder in the Indian Ocean: Policy Contours", *Journal of the Indian Ocean Region*, Vol. 7, No. 1, June 2011, p. 128.

③ Joshy M. Paul, "Emerging Security Architecture in the Indian Ocean Region: Policy Options for India", *Maritime Affairs*, Vol. 7, No. 1, Summer 2011, pp. 38 – 39.

④ Harsh V. Pant, "Indian Navy's Moment of Reckoning: Intellectual Clarity Need of the Hour", *Maritime Affairs*, Vol. 5, No. 2, Winter 2009, p. 44.

（二）能源安全

随着印度国内经济的持续发展，印度对能源需求越来越大。印度是国际上的能源消费大国，然而印度国内石油和天然气资源却极其匮乏，随着进入 21 世纪后印度国内工业化进程的加速，印度对能源的需求越来越迫切。印度安全战略分析人员甚至认为未来 25 年印度的首要战略考量是通过海军保证其能源需求。[1] 在能源领域，石油占印度能源总需求的 33% 以上，然而印度石油的 70% 需要进口，印度还从印度洋地区的莫桑比克、南非、印度尼西亚、澳大利亚进口煤炭资源，从卡塔尔、马来西亚、印度尼西亚、南非进口液化天然气。[2]

印度大部分能源需求都是从印度洋地区国家进口，然而印度洋周边地区安全形势并不乐观。特别是中东地区国家混乱的国内政治事件、非洲部分国家政治不稳定等局势都导致了印度洋海域的无政府治理行为。在世界上所有的海域，印度洋及其海上交通受海盗的影响最大，主要原因是印度洋地区是波斯湾能源和原材料流动的关键地区以及制成品的流动终端地区，从 1992 年到 2005 年全世界有记录的海盗事件是 3583 件，南亚和东南亚地区占据了最高份额。[3] 特别是 2005 年之后，印度洋西部海域和亚丁湾海域海盗案件急剧上升，[4] 该海域是印度能源运输的重要航线。印度洋地区海盗活动猖獗，加之印度的能源需求大部分通过海上的方式运输到印度国内，促使印度加大对海军的投入，保证能源通道的安全。

---

[1] Don Berlin, "The Rise of India and the Indian Ocean", *Journal of the Indian Ocean Region*, Vol. 7, No. 1, June 2011, p. 7.

[2] Shiv Shankar Menon, "Maritime Imperatives of Indian Foreign Policy", *Maritime Affairs*, Vol. 5, No. 2, Winter 2009, p. 17.

[3] Alok Bansal, "Maritime Threat Perceptions: Non-State Actors in the Indian Ocean Region", *Maritime Affairs*, Vol. 6, No. 1, Summer 2010, p. 17.

[4] 许可:《印度洋的海盗威胁与中国的印度洋战略》,《南亚研究》2011 年第 1 期, 第 2 页。

（三） 保证国内经济继续发展的外部环境

印度重视海军建设的重要意图是保证国内经济继续发展的外部安全环境，阻止其他国家或者极端组织从海上威胁印度次大陆的安全。冷战结束以来，美国等西方国家和伊斯兰极端主义势力的冲突以及美国在印度洋沿岸国家的强制性外交都使得印度洋成为世界政治的焦点地区。印度洋周边地区爆发的战争促使印度加紧发展海军建设，通过自身能力保持国内安全。印度主要安全关切是北印度洋地区海上交通线的安全，而印度洋不同地区如马六甲海峡和非洲之角的猖獗海盗，要求印度必须有强大的海军存在。[①]

印度担心在南亚次大陆的主要竞争对手巴基斯坦通过海上方式威胁印度安全，在印度看来，巴基斯坦一直通过各种方式削弱印度的实力。印度在印度洋地区的另一个担忧是巴基斯坦（或许是文明的威胁）。更广义的，印度洋地区是世界上伊斯兰教的主要居住地。以前这并不是一个重要的问题，然而，在今天随着伊斯兰文明的传播，而印度大部分是印度教徒，此类冲突在印度洋地区正在逐渐上演。[②] 印度认识到如果有人通过海上方式侵入印度，以它现在的国家物质和组织准备很难防御，当2008年孟买恐怖袭击案发生，撕裂孟买海岸的完整性时，印度深刻地认识到了这个问题。[③] 2008年11月26日发生在印度金融中心孟买的恐怖袭击案件表明恐怖分子已经可以通过海上袭击的方式威胁印度本土安全。孟买恐怖案之后，印度海军、海岸警卫部队以及沿岸各个邦都承担起增强海洋和海岸安全的职责以应对来自海上的威胁。[④] 因此印度应当加紧海军建设保证

① Harsh V. Pant, "India in the Indian Ocean: Growing Mismatch Between Ambitions and Capabilities", *Pacific Affairs*, Vol. 82, No. 2, Summer 2009, p. 284.

② Don Berlin, "The Rise of India and the Indian Ocean", *Journal of the Indian Ocean Region*, Vol. 7, No. 1, June 2011, pp. 6 – 7.

③ Admiral Sureesh Mehta PVSM, AVSM, ADC, "India's National Security Challenges: An Armed Forces Overview", *Maritime Affairs*, Vol. 5, No. 2, Winter 2009, p. 6.

④ Smt Nirupama Rao, "India as a Consensual Stakeholder in the IndianOcean: Policy Contours", *Journal of the Indian Ocean Region*, Vol. 7, No. 1, June 2011, p. 128.

印度海岸线的安全，打击跨境恐怖主义和危害印度国内安全的恐怖主义分子。

（四）保证印度海洋资源、海上岛屿以及海外劳务人员安全

印度在印度洋地区的专属经济作业区内拥有大量的能源资源，印度加速发展海军的目的是拥有足够的海军投送能力以保护其海洋资源。由于印度拥有漫长的海岸线（其海岸线长达5560公里，海岸线长度居世界第15位）和广阔的海洋领土，印度享有了220万平方公里的专属经济作业区，接近其陆地面积的2/3，这些海域拥有相当可观的自然资源，如化石燃料、矿物质和渔业资源，印度国内生产的石油和天然气资源大约有2/3出产自该海域。[1]

与此同时印度大陆外围存在许多岛屿，这些岛屿是印度本土安全的重要组成部分，只有保证这些群岛的安全，才能从整体上保证印度的整体防务体系。印度岛屿领土主要由东面的安达曼－尼克巴群岛（Andaman and Nicobar Archipelago）和西面的拉克沙岛屿（Lakshadweep）组成，这些岛屿在地理上远离印度次大陆，被视为印度的安全脆弱地带，尤其是安达曼－尼克巴群岛。[2] 在拉克沙和安达曼－尼克巴群岛之间印度拥有超过600个岛屿。[3] 印度发展海军的重要任务是保证这些海岛的安全，从整体上与印度次大陆一道构建整体防务体系。此外，印度与海湾地区国家拥有历史和文化上的紧密联系，大约有350万印度人在海湾合作委员会国家工作，每年向印度国内提供40亿美元的侨汇。[4] 印度发展海军的重要考虑是保

---

① Gurpreet S. Khurana, *Maritime Forces in pursuit of National Security*: *Policy Imperatives for India* (Institute for Defence Studies and Analyses, New Delhi, 2008), pp. 11–12.

② Gurpreet S. Khurana, *Maritime Forces in pursuit of National Security*: *Policy Imperatives for India* (Institute for Defence Studies and Analyses, New Delhi, 2008), p. 5.

③ Smt Nirupama Rao, "India as a Consensual Stakeholder in the Indian Ocean: Policy Contours", *Journal of the Indian Ocean Region*, Vol. 7, No. 1, June 2011, p. 127.

④ Robert D. Kaplan, *Monsoon*: *The Indian Ocean and the Future of American Power* (New York: Random House Trade Paperback, 2011), p. 12；关于印度在海湾地区劳工的论述亦可见：时宏远：《海湾地区的印度劳工及其对印度的影响》，《世界民族》2012年第2期，第64~71页。

护海外经济利益和海外劳务人员，尤其是如果有战争发生，印度有能力保护战争地区的利益和在该地区工作的印度国民。

三　印度对中国印度洋政策的认知

改革开放后中国经济迅猛发展，中国已经迅速崛起为世界第二大经济体。在此背景下，中国与印度洋地区国家的联系越来越紧密。为了保证中国海外利益的安全，中国在印度洋地区的活动日益频繁，影响力也日益扩大。印度对中国在印度洋地区的活动一直比较警觉，尤其是中国与印度洋地区的友好国家为了发展中国经济发展而建设的一些港口，更是被部分印度学者认为中国正在针对印度实施包围策略，即"珍珠链战略"①。

同时也有印度学者认为中国在印度洋地区的活动目的是保证能源和海上交通线的安全，因此实施了"珍珠链战略"。从中期目标来看，中国不会将其在印度洋地区的海军基地用于军事目的。中国在印度洋地区进行战略安排的主要原因是对美国和印度在印度洋战略存在的不信任。② 印度在南亚的霸权主义行为使得南亚其他国家对印度的行径产生了很多不满，因此部分南亚国家希望中国作为一种制衡印度的力量进入南亚和印度洋地区。但是南亚国家也很难同意通过让中国在印度洋地区建立军事基地的方式公开与印度敌对。③ 然而，如果印度洋地区某个国家允许中国军事力量存在，将会对印度国家安全产生重要影响。④

---

① "珍珠链战略"最早出现在 2004 年美国汉密尔顿公司撰写的内部报告《亚洲能源的未来》，关于"珍珠链战略"的论述可参见刘中民：《美国眼中的中国海上战略》，《东方早报》2012 年 5 月 22 日。

② Gurpreet S. Khurana，"China's 'String of Pearls' in the Indian Ocean and Its Security Implications"，*Strategic Analysis*，Vol. 32，No. 1，p. 22.

③ 罗伯特·卡普兰在 2010 年 11 月就其 *Monsoon：The Indian Ocean and the Future of American Power* 一书接受卡耐基委员会采访时也表达了这个观点。http://www.carnegiecouncil.org/resources/transcripts/0332.html/。

④ Gurpreet S. Khurana，"China's 'String of Pearls' in the Indian Ocean and its Security Implications"，*Strategic Analysis*，Vol. 32，No. 1，p. 22.

随着中国经济崛起，中国国防现代化进程加快，保护中国在印度洋地区的利益成为中国海军现代化的重要目标。中国海军现代化项目的主要目标有：①台湾问题；②美国在太平洋地区的军事存在；③发展"蓝水"海军保障在南中国海和印度洋地区海上交通线的安全。① 中国人民解放军现在的实力还不能实现这些战略意图，但是中国为获取这样的实力而进行了快速努力，提升了印度对其安全的关注，并将对未来印度洋地区的稳定提出新的问题。② 中国在没有解决涉及国家领土的台湾问题和在印度洋地区拥有军事基地的情况下，其在印度洋地区仍然不会有主导性影响力。到目前为止，中国通过"软实力"外交如贸易、人道主义援助、武器销售为首要手段提升其在印度洋地区的影响力。③

随着中国在印度洋地区实力的提升，印度对中国海军的认知主要有两个方面。一方面认为中国实力增长对其国家安全提出了严重挑战，印度担心中国通过加强与印度洋地区国家之间的关系，执行遏制印度发展的战略；中印在印度洋地区的角逐已经成为中印边界争端之后的另一个潜在冲突点，中国实力的上升也为美国和印度在印度洋地区的合作提供了发展空间。另一方面，中国现在在印度洋提升影响力的手段和保证印度洋海上交通线安全的战略意图，使得中印之间有了共同合作的空间，印度也希望借助中国海军力量处理印度洋地区出现的非传统安全问题。

① Kamlesh Kumar Agnihotri, "Modernisation of the Chinese Navy, its Strategic Expansion into the Indian Ocean Region and Likely Impact on the Regional Stability", *Maritime Affairs*, Vol. 7, No. 1, Summer 2011, pp. 48 – 64.
② Kamlesh Kumar Agnihotri, "Modernisation of the Chinese Navy, its Strategic Expansion into the Indian Ocean Region and Likely Impact on the Regional Stability", *Maritime Affairs*, Vol. 7, No. 1, Summer 2011, p. 61.
③ Andrew S. Erickson, "The Growth of China's Navy: Implications for Indian Ocean Security", *Strategic Analysis*, Vol. 32, No. 4, July 2008, p. 670.

尼赫鲁的价值观对印度尼赫鲁
政府外交政策的影响

刘 鹏 胡潇文* ◎

【内容提要】 本文从价值观角度探讨印度尼赫鲁政府外交政策。文中首先对价值观的概念予以界定，接着简要回顾了尼赫鲁和尼赫鲁政府，为下面详细论述价值观对尼赫鲁政府外交政策的影响做好了准备。在最后两个部分，本文给出了尼赫鲁价值观的三个方面及其对印度政府外交政策的影响，即对民族独立的珍视、对和平的向往和对印度大国地位的孜孜以求。

【关键词】 价值观 尼赫鲁政府 印度外交 影响

一 价值观的界定

中西方对价值观的界定有一些差异，我国对价值观的界定主要是从马克思主义历史唯物主义的角度来进行。"社会成员用来评价行为、事物以及从各种可能的目标中选择自己合意目标的准则。价值观通过人们的行为取向及对事物的评价、态度反映出来，是世界观的核心，是驱使人们行为的内部动力。它支配和调节一切社会行为，涉及社会生活的各个领域。价值观是人们对社会存在的反映。人们所处的自然环境和社会环境，包括人

---

* 刘鹏，1984 年生，男，汉，云南财经大学，讲师，研究方向为东南亚、南亚国际关系；胡潇文，1982 年生，女，汉，云南省社科院，助理研究员，研究方向为东南亚、南亚国际关系。

的社会地位和物质生活条件，决定着人们的价值观念。"① 这个定义突出强调了社会存在对价值观的决定作用。西方对价值观的界定主要从社会学的角度来进行。"价值观是指原则、标准或品质，持有这些东西的人认为它们是有价值的、是值得拥有的。价值观是一些抽象的观点，整个社会认为这些观点是正确而代表善的，这些观点能带来好的结果，并且值得其他人来学习。价值观是关于人行为方式的一些假设和信条，这些假设和信条是用来规范和指导人的行为的。"② 这个定义强调的是价值观对行为的指导作用。

价值观是一种人与世界的主观关系，它指导并塑造人的观点和行为。价值观有三个显著的特点。首先，价值观在每个人很小的时候就开始形成，并且很难改变。价值观主要源于和我们关系密切的人的直接接触的经验，尤其是受父母的影响。价值观并不是取决于其他人告诉我们什么，而是取决于其他人的行为。其次，价值观影响着对是非的判断。价值观并不包括外部对是非的判断，它是一种内在的判断标准。再次，价值观是不能被证明正确和错误的，也不能证明它是否有效。价值观告诉我们应相信什么，而不牵涉这种信仰是否被证明是正确的。

价值观可以分为个人价值观和文化价值观。"一般而言，一个群体都具有相同或形似的价值观，这样的价值观构成该群体的文化价值观。"③ 如果个体选择了一种与文化价值观不相符的价值观，一个社会可能以法律的名义对其加以制裁，也可能以正义的名义将该个体排除出该社会。

二 尼赫鲁和尼赫鲁政府介绍

本文所指的价值观主要指尼赫鲁个人的价值观，当然尼赫鲁能够上台并在印度长期执政，很大程度上也说明了尼赫鲁的个人价值观与印度的文

---

① 中国大百科全书网络版，http：//202.116.13.168：1918/web/index.htm。
② 维基百科全书网络版，http：//en.wikilib.com/wiki/Values。
③ 维基百科全书网络版，http：//en.wikilib.com/wiki/Values。

化价值观相符合。因为不管国内对印度民主制度是如何贬低，印度仍然是世界上最大的民主国家，其结合英国民主和美国民主的民主制度一直运行良好。而在民主国家，一个政府要上台执政，其价值观念必然与多数选民的价值观念相符。

要论述尼赫鲁政府的外交政策，必须首先了解尼赫鲁其人和尼赫鲁政府。加瓦哈拉尔·尼赫鲁（Jawaharlal Nehru，1889－1964）是印度现代历史上杰出的政治家、印度开国元勋之一，是独立后印度首任总理兼外交部长，1964年去世。尼赫鲁为印度独立事业和独立后印度政治、经济体制的建立以及印度外交政策的设计等作出了自己的贡献，成为极具人格魅力的印度领导人。"再也没有一个国家会有人像尼赫鲁在印度那样一手铸就外交政策。确实，他的影响是如此压倒一切，因而在世界各地人的心目中，印度的对外政策就是潘迪特·尼赫鲁的个人哲学。这种想法是不无道理的，因为尼赫鲁集印度对外政策的哲学家、建筑师、设计者、发言人四者于一身。"[1]

尼赫鲁祖籍在克什米尔，属于印度教四大种姓之首的婆罗门种姓。尼赫鲁于1889年出生于印度的阿拉哈巴德城，他的父亲莫迪拉尔·尼赫鲁是一位收入颇丰的律师，毕业于阿拉哈巴德大学。莫迪拉尔·尼赫鲁与圣雄甘地有着密切的关系，曾任两届印度国大党主席（1919年和1928年）。尼赫鲁从小就受到西式教育。他的家庭教师飞迪南德·布鲁克毕业于牛津大学，是爱尔兰人。尼赫鲁从布鲁克那里最早接触到西方古典文学、神学和自然科学的知识。1905年5月，尼赫鲁在父母的陪同下到英国求学。他首先进入英国最著名的学校哈罗公学读书，后来又成为剑桥大学三一学院的学生。1910年毕业后在伦敦专攻法律，直至1912年夏天通过英国律师资格考试，获得律师证书，并于同年秋天回到印度。尼赫鲁在英国留学7年，在价值观方面深受英国的影响。他承认"我的一切偏爱（除了政治

---

① M. Brecher. Nehru, "A Political Biography"，见张忠祥：《尼赫鲁外交研究》，中国社会科学出版社，2002，第564页。

方面的以外）都是倾向于英国和英国人民的。"① "曾在哈罗和剑桥深造的尼赫鲁可以说是半个印度人加上半个英国人。"② 学成归国后，尼赫鲁成为阿拉哈巴德高等法院的一名律师。1919 年印度暴发震惊世界的阿姆利则惨案，尼赫鲁随即抛弃律师职业，追随甘地，投身到印度民族独立运动之中。

1920～1921 年尼赫鲁响应甘地提出的"到农村去"的号召，向农民宣传非暴力不合作运动。从这个时期起尼赫鲁开始了解印度的农村和农民。印度下层人民的困苦，增强了他领导印度民族独立运动的责任感。1926 年 3 月到 1927 年 12 月，尼赫鲁陪同妻子到欧洲治病期间，访问了瑞士、意大利、法国、英国、德国、比利时和苏联。在苏联期间，他参加了俄国十月革命 10 周年的庆典。这些活动加深了他对民族独立和社会主义的认识。回国后，他提出了比较激进的民族主义纲领，把完全独立作为国大党的奋斗目标。国大党自 1885 年成立以来，在 1905 年之前其活动一直局限于宪政鼓动，只要求局部改良。1906 年提出印度建立自治领的目标。到 20 世纪 20 年代甘地领导不合作运动时，都一直避免明确提出独立的要求。形势的发展使尼赫鲁认识到必须把独立作为国大党明确的目标。1929 年 12 月在国大党拉哈尔年会上通过了尼赫鲁起草的《关于独立问题的决议案》，会上，尼赫鲁当选为国大党主席。此后他把自己的命运同印度民族的命运紧紧地联系在一起。"一九二一年到一九四五年间，加瓦哈拉尔·尼赫鲁九次被捕，在各种监狱里囚禁了十年。"③

印度独立后，尼赫鲁执政一直到 1964 年，这个时期是印度国家建设和对外关系发展的初始。在内政方面，尼赫鲁政府开始实行议会民主制，成功地进行了人民院和邦立法院的选举；通过了建立"社会主义类型社

---

① Gopal. S. , Jawaharlal Nehru: *A Biography*, Vol. 1, London, 1987, p. 417. 转引自陈继东主编《当代印度对外关系研究》，四川出版集团，2005，第 30 页。

② 塞缪尔·P. 亨廷顿：《变化社会中的政治秩序》，王冠华等译，三联书店，1989，第 414 页。

③ 索尼娅·甘地编《尼赫鲁家书》，庞新华译，河南人民出版社，1993，第 7 页。

会"的决议并开始了决议的实施；经济上实行计划经济原则，实施了三个五年计划，建立了尼赫鲁－马哈拉诺比斯模式的工业化模式；进行了农村土地改革发展农村资本主义；成功地处理了工农运动和部落民斗争问题；在宗教方面，贯彻了世俗化政策，废除了印度教种姓制度和歧视妇女的制度；在国家结构方面，按语言分步实行邦改组，并确定了官方语言；在外交方面，尼赫鲁根据当时印度国内形势和面临的国际环境，率先提出不结盟外交，使印度拥有一个和平的发展环境和来自东西方的援助，在国际舞台展示了印度和平的形象，如促使朝鲜停战、与中国共同提出"和平共处五项原则"、发起万隆会议、谴责英法挑起苏伊士运河战争等。尼赫鲁因其出色的外交才能而成为世界著名的外交家，被称为"不结盟之父"、"和平的使者"。

三　尼赫鲁的价值观及其形成

从以上尼赫鲁的个人经历和其政府实行的内外政策可以看出，"尼赫鲁坚持把自由国际主义和具有高度经济自主权的强国主义结合起来"。[①]尼赫鲁的价值观内容丰富，可以归结为以下三个方面：对民族独立的珍视、对和平的向往和对印度大国地位的孜孜以求。

追求民族独立是尼赫鲁价值观的主要内容之一。其形成的原因在于尼赫鲁特殊的个人成长经历和所处的社会环境。尼赫鲁出身于印度上层社会，从小接受英式教育。他在牛津大学的学习经历使他不断地接触并逐步认可了民族国家的观念。在英国 7 年的见闻和回到家乡后英国对印度殖民统治的现实对尼赫鲁产生了强烈的冲击。阿姆利则惨案发生后，尼赫鲁终于将自己的价值观付诸实际，加入了甘地的国大党，开始争取民族独立。

尼赫鲁向往和平的价值观主要源于印度特殊的宗教传统。印度是世界

---

① 斯蒂芬·科亨：《大象和孔雀——解读印度大战略》，刘满贵等译，新华出版社，2002，第 33 页。

上宗教最丰富的国家之一，先后诞生了印度教、佛教、锡克教等宗教。宗教作为一种精神力量对价值观的形成有着潜移默化的影响。"相对于某些排他性的宗教来说，印度教被普遍认为是一种比较宽容的宗教，它没有教会、教团和教阶等严格的组织形式，也没有一部统一的经典。"① 印度教宣扬的非暴力、不杀生、宽容和因果报应的观念在印度根深蒂固。尼赫鲁就曾说过："使印度维持着生命力，使它经历这样悠久年代的，不是什么神秘的教义，或者秘传的知识，而是一种仁慈的人道主义和它多样性的宽宏大度的文化，以及对于人生及其不可思议的方面的深刻了解。"② 尼赫鲁执政时期的政策也清晰地表明了他对和平的向往。

追求大国地位是尼赫鲁价值观的第三个方面。这主要是源于印度特殊的历史。印度处于南亚次大陆，在历史上属于相对封闭区域，曾创造了辉煌的文明。虽然印度历史上屡次遭到外来入侵，但入侵者往往被印度文明所同化。这都使尼赫鲁产生了很强的民族自豪感，因此追求与印度文明相适应的大国地位也是情理之中。此外印度追求大国地位还与英国的殖民历史有关。英国统治印度有 200 多年的历史，英国一直非常看好印度的地缘战略和潜在的国际地位。为了维持其在亚洲的统治，英国殖民者将印度作为统治管理亚洲殖民地的中心。印度独立之后一定程度上也继承了英国殖民者的这种"地区管理中心"的思想遗产。

四 尼赫鲁政府外交政策中的价值观因素

对民族独立的珍视、对和平的向往和对印度大国地位的孜孜以求是尼赫鲁价值观的主要内容。这三个方面的价值观又分别产生了印度尼赫鲁政府时期外交政策的三大倾向：不结盟外交、追求和平的外交和追求大国地位的不结盟是尼赫鲁为独立后的印度确定的四大基本国策之一，其他三条

---

① 孙士海：《尼赫鲁外交思想形成探析》，《南亚研究》2006 年第 2 期。
② 〔印度〕尼赫鲁：《印度的发现》，世界知识出版社，1956，第 183 页。

是针对内政而言的，即民主、世俗主义和社会主义。不结盟的含义是不与大国集团结盟，也就是在冷战期间，印度不与美苏中的一方结盟。尼赫鲁不结盟外交的出发点是维护印度的民族独立，民族独立在尼赫鲁的价值观中始终居于重要地位。尼赫鲁自称为"一个纯粹的民族主义者"，他说："当我长大成年，献身于可望导向印度获得自由活动的时候，促使我采取行动的最初的推动力是个人和民族的自豪感和那人类共同的愿望，要抗拒他人的统治和自由享受我们所安排的生活。"[①] 正因为是从维护印度民族独立的角度出发，所以尼赫鲁政府的不结盟政策表现出来的是以下几个方面的内容：一是印度不与大国集团结盟，不介入东西方的冷战，特别是不参加军事组织、条约和集团。1955年11月30日，尼赫鲁在欢迎苏联领导人访问印度时说道："我经常说我们不打算加入任何阵营或联盟，这是我们的基本国策。"[②] 他所倡导的不结盟外交既指不与任何军事集团结盟，也指避开互相敌视的大国政治集团。"对美国要十分友好，期望从他那里得到许多领域的帮助，尤其是技术帮助"，同时"要充分同情苏联，它给世人带来了显著的变化"。[③] 二是印度执行独立的外交政策，对国际事务按印度的利益做出判断，采取行动。饱尝英国近200年殖民统治的印度对独立尤为珍视，尼赫鲁本人被关入英国殖民当局的监狱多次，所以追求民族独立对他十分重要。所以尼赫鲁强调，印度应以"自由国家而非别国的卫星国的身份"参与国际事务。[④] 选择不结盟恰恰是印度捍卫独立的最佳方法之一。从印度的外交实践来看，印度也的确表现出了独立性，以印度在联合国的表现为例。"在1952~1963年间，在联大的274次有关政治问题的表决中，印美苏一致的有90次，印美一致的有62次，印苏一致的

---

① 〔印度〕尼赫鲁：《印度的发现》，世界知识出版社，1956，第48页。

② 克·普·斯·梅农：《印度与冷战》，陶季邑：《尼赫鲁和邓小平的不结盟思想比较研究》，《新疆大学学报》（哲学、人文社会科学版）2005年第3期。

③ 克·普·斯·梅农：《印度与冷战》，陶季邑：《尼赫鲁和邓小平的不结盟思想比较研究》，《新疆大学学报》（哲学、人文社会科学版）2005年第3期。

④ A. Appadorai. Select Documents on India's Foreign Policy and Relations, 1947－1972, Vol. 1. 张忠祥：《尼赫鲁外交研究》，中国社会科学出版社，2002（7），第3页。

有61次，有61次印度既不同于美国，也不同于苏联。"① 三是不结盟并不是自我孤立，而是要发展与各种类型国家的关系。尼赫鲁时期的印度，与世界主要力量保持了相对友好的关系：印度虽然于1947年独立，但新宪法规定印度仍然留在英联邦之内，从而保持了与英国较好的政治关系和紧密的经济联系。与美国关系方面，印度独立之后，就与美国建立了外交关系。1949年尼赫鲁访问美国，双方虽然有分歧和矛盾，但印度仍然从美国争取到不少的贷款和援助。与日本的关系方面，1952年双方签订和约，正式恢复正常关系。"20世纪50～60年代中期是印度日本关系的黄金时期，双边关系发展主要体现在文化贸易领域。"② 与苏联关系方面，印度于1947年和苏联建立外交关系。1955年两国领导人互访，两国关系迅速升温。从1955年起，苏联开始向印度提供长期贷款，并在克什米尔和中印边界问题上偏袒印度。1960年起，苏联向印度提供军事援助。与中国关系方面，新中国成立之后，印度就与中国建立外交关系。20世纪50年代中期，中印总理实现互访，并于1954年签订了《关于中国西藏地方和印度之间的通商和交通协定》。这种相对友好的关系一直保持到1962年中印边界冲突之前。

对尼赫鲁政府外交产生重大影响的价值观的第二个方面是对和平的珍视和追求。尼赫鲁价值观中的和平是一个内容丰富的概念，它不仅指没有战争的一种局面，而且从印度传统哲学的角度出发，是把和平看做一种生活哲学。这种观念有着深厚的文化基础。非暴力是印度文化价值观中所追求的目标和境界。"印度的吠檀多哲学认为，世界万物都是从大我分化出来的小我，所以应该相亲相爱，一视同仁，而且都具有梵性，都蕴藏着真、善、美的德性。因此非但人类要相亲相爱，即使是对飞禽走兽、花卉草木，也要有友爱精神。所以不能杀生。"③

尼赫鲁的和平价值观体现在外交政策方面就是追求和平的外交政策。

① 赵蔚文：《印中关系风云录》，时事出版社，2000，第29页。
② 陈继东主编《当代印度对外关系研究》，四川出版集团，2005，第32页。
③ 吴永年等：《21世纪印度外交新论》，上海译文出版社，2004，第18页。

具体有以下几个方面的内容。一是和平解决世界争端。尼赫鲁政府曾在朝鲜战争、印度支那战争和苏伊士运河危机中为和平而奔走。1950 年朝鲜战争爆发后，尼赫鲁尽管相信以美国为首的联合国安理会对北朝鲜的指责有一定道理，也以为战争是北朝鲜挑起的。但是尼赫鲁不喜欢美国打着联合国的旗号扩大战争的做法，反对美国派第七舰队干涉中国内政，要求通过和平谈判方式解决朝鲜半岛的冲突。为此尼赫鲁于 1950 年 7 月 13 日致电斯大林和艾奇逊，向美苏两国建议以和平方式解决朝鲜问题。1950 年 12 月 6 日尼赫鲁在印度议会就外交事务作演说时，提出解决朝鲜问题的三个步骤：停火、划定非军事区、谈判。经过军事上的较量，美国实际上开始接受印度的建议，准备停战开始谈判。美国代表洛奇在七届联大发言时说：“实际上，美国政府对印度极为钦佩，并认为它是远东具有直接利害关系的伟大的民主国家，他在确保亚洲的和平与民主的努力中，能够发挥重要和主要的作用。”① 印度此后得到交战双方的同意，担任中立国遣返委员会的主席，负责看管战俘。1954 年 1 月朝鲜战争战俘遣返工作正式结束，尼赫鲁为朝鲜战争停火和实现和平所作出的努力得到了世界舆论的赞扬。朝鲜战争结束后，尼赫鲁把关注的重点放在了印度支那战争上，呼吁印度支那实现和平。印度政府虽然没有参加讨论印支战争的日内瓦会议，但尼赫鲁派梅农到日内瓦积极斡旋，加强各方的合作。同时，尼赫鲁与苏加诺发起印度、巴基斯坦、印度尼西亚、缅甸和锡金 5 国总理的科伦坡会议。倡议印度支那立即实现停火。印度的和平努力得到世界的认可，日内瓦协议规定，由印度、波兰和加拿大各派一人组成国际停火监督委员会，负责监督印度支那停火执行情况，并由印度代表任监督委员会主席。在苏伊士运河危机期间，尼赫鲁也多方奔走，极力促和。埃及宣布运河收归国有后，尼赫鲁就去信纳塞尔，建议埃及邀请运河相关方在埃及举行国际会议。之后根据尼赫鲁和平解决苏伊士运河危机的思想，1956 年 8 月 19 日印度代表团在第一次伦敦会议上提出了一个尊重埃及对苏伊士运河

---

① 《中美关系资料汇编》第二辑，上册，世界知识出版社，1957，第 1323 页。

的主权并足以保证运河航行自由的方案。印度代表团的提案遭到西方国家的拒绝，不久苏伊士运河战争爆发。二是反对核战争，主张全面核裁军。尼赫鲁当政期间一直带头倡导停止核试验，结束核军备竞赛，禁止生产核武器。尼赫鲁极其憎恶各种核武器，他下令编撰了世界上第一部原子弹杀伤效果的公开研究资料，并于1958年出版。该书详尽地提供了核爆炸对人体杀伤效果的论述，涉及瞬时杀伤力、滞后杀伤力以及放射性核污染等各个方面。在该书第一版的前言中，尼赫鲁写道："我们现在不得不面对原子弹带给人类的大规模灭绝。更为糟糕的是，我们还得面对这些核爆炸对人类基因所造成的贻害于当代和后代的后果。"① 三是建立和扩大"和平区"。尼赫鲁看到，在东西方两大阵营冷战的形势下，冷战有可能演变成热战，而在原子时代的热战则意味着人类的毁灭。所以它主要制造一个没有战争恐惧的和平区。然后，将和平区扩大到其他地方。1954年尼赫鲁正式使用"和平区"一词。当时主要针对东南亚条约组织。奉行不结盟政策的尼赫鲁一直反对军事结盟，认为军事结盟是导致冲突和战争的根源，对印度周边的军事结盟，尼赫鲁更是非常反感。发起不结盟运动，召开万隆会议实际上都寄托着尼赫鲁扩大和平区的思想。

对尼赫鲁政府对外政策产生重大影响的价值观的第三方面是对印度大国地位的追求。这种追求体现在"大印度联邦"的地区战略和全球战略中。包括尼赫鲁在内的许多国大党人都认为印巴分治不过是短暂的权宜之计。落后的经济、国家行政管理人才的严重匮乏、复杂的民族关系等不利因素，决定了巴基斯坦必将是一个短命的国家，它终将会回到印度的怀抱。"实现把南亚地区所有国家都纳入自己所设想的大印度联邦之内的宏图大志，并以此为基础使印度成为世界上有声有色的大国，成为尼赫鲁一生所想要实现的目标。"② 印度要成为世界大国，首先要成为地区大国。为此尼赫鲁政府推行强势的政策，尤其表现在控制尼泊尔、不丹和锡金三

---

① 斯蒂芬·科亨：《大象和孔雀——解读印度大战略》，刘满贵等译，新华出版社，2002，第172页。

② 陈继东主编《当代印度对外关系研究》，四川出版集团，2005，第22页。

个南亚小国。印度自独立之日起便全盘继承英国殖民当局在尼泊尔、锡金、不丹的各种特权，通过一系列外交手段控制了这三个国家，并对这三个国家的内政施加影响。1950年印度与尼泊尔签订了《和平友好条约》和《贸易和商业协定》。1949年与不丹签订了《永久和平与友好条约》，条约规定不丹外交接受印度的"指导"。1950年与锡金签订《印度和锡金和平条约》，锡金成为印度的"保护国"。在追求世界大国的过程中，尼赫鲁政府一直把自己看成一个国际社会主要行为者，追求国际角色。印度在不结盟运动和万隆会议中的积极作为实际上也是印度追求国际角色、确立世界大国地位的尝试。

五　结语

由于价值观是一个非常复杂的概念，从价值观角度探讨外交政策虽然与从文化角度探讨外交政策存在一定重复，但仍然有其独特的价值。尼赫鲁政府是外交上非常成功的政府，尼赫鲁作为对印度外交和世界局势产生重要影响的人物，深入其内心了解其价值体系，了解其价值观，有助于我们更好地理解印度外交的历史，服务于当前我国对印度的外交政策。

印度东北地区的安全局势与孟中印缅次区域合作

林延明*◎

【内容提要】　东北地区是印度参与孟中印缅次区域合作的重要区域，其安全局势的演变直接决定着印度参与次区域合作的态度。20 世纪 90 年代以来，印度东北地区的安全局势呈现总体好转与局部恶化两个侧面的特征，一方面恐怖暴力事件低落、下降的趋势不可逆转，另一方面分离组织的反政府武装的派系冲突以及黑社会性质和恐怖主义性质的活动也较为多发。因此，东北地区安全局势的演变对孟中印缅次区域合作的影响既有有利的一面，也有不利的一面。

【关键词】　印度东北地区　安全局势　孟中印缅次区域合作

印度东北地区传统上指的是被称为印度"东北七姊妹"的阿萨姆（Assam）邦、曼尼普尔（Manipur）邦、梅加拉亚（Meghalaya）邦、米佐拉姆（Mizoram）邦、那加兰（Nagaland）邦、特里普拉（Tripura）邦和所谓的"阿鲁纳恰尔邦"（Arunachal Pradesh），① 地处北纬 20°1′ ~ 29°30′、

＊　林延明，云南大学人文学院历史系 2009 级博士研究生。

① 1951 ~ 1953 年，印度强行把东北边界推移到"麦克马洪线"附近。1954 年，印度政府在"麦克马洪线"以南的中国领土上建立"东北边境特区"，归属印度外务部管辖。1973 年，印度将"东北边境特区"改名为"阿鲁纳恰尔中央直辖区"，由联邦政府直辖。1986 年12 月，印度议会通过法案，将"阿鲁纳恰尔中央直辖区"升格为"阿鲁纳恰尔邦"。中国从未承认过非法的"麦克马洪线"和所谓的"阿鲁纳恰尔邦"。

东经 85°49′~97°30′，[①] 土地面积为 255043 平方千米，[②] 约占印度国土总面积的 8.56%；据 2011 年印度人口普查临时数据，上述诸邦总人口为 44980294 人，约占印度总人口（1210193422 人）的 3.72%。[③] 锡金（Sikkim）邦位于北纬 27°04′~28°07′、东经 80°1′~88°55′，与东北地区其余诸邦均不相连，但在 2002 年 12 月加入东北地区委员会（North Eastern Council，NEC）后也被视为印度东北地区的组成部分。

作为印度国内一个集边疆地区、民族地区、落后地区、动乱地区于一体的特殊地理区域，东北地区在印度独立后很长一段时期，民族矛盾屡次激化，分离运动和反政府武装此起彼伏，显示出对中央的巨大离心力。然而，这一地区又是印度参与孟中印缅次区域合作的主要地理区域，其安全局势的演变直接决定着印度参与次区域合作的态度，同时也对次区域经济合作具有重要的影响。

一、孟中印缅次区域合作中的印度东北地区

20 世纪 90 年代末，中国云南学术界率先提出了中国云南、印度、缅甸和孟加拉国进行地区经济合作的构想，并获得了印、缅、孟三国的积极响应。1999 年中印缅孟四国在昆明举行了第一次中印缅孟地区经济合作大会，四国代表共同签署了《昆明倡议》，倡导在平等互利、持续发展、比较优势的原则下加强彼此之间的联系，促进最大可能的经济合作。在第二次会议上，四国决定按国际会议惯例，依各国英文名称第一个字母排序，把中印缅孟改排为孟中印缅。2002 年在孟加拉国首都达卡召开的第三次大会上，与会四方正式把中印缅孟地区经济合作与发展会议更名为孟中印缅（BCIM）地区经济合作论坛。

---

① 此处的划分包括了与中国存在领土争议的地区。
② 此处印度东北地区的土地面积包括处于印度控制之下的与中国存在领土争议的地区。
③ 2011 年印度人口普查，http：//www. censusindia. gov. in/2011census/censusinfodashboard/index. html。

孟中印缅次区域经济合作的地区包括中国的云南省，印度的东北地区、比哈尔邦和西孟加拉邦，缅甸和孟加拉国全境。在印度参与孟中印缅次区域合作的诸区域中，东北地区不仅地理面积最为广阔，而且同时与孟加拉国、中国和缅甸直接接壤，构成了孟中印缅次区域西部的重要地理单元，是印度的"东向"政策、中国建设面向南亚东南亚开放国际大通道建设战略、云南的"桥头堡"战略在陆上的交接地带，对孟中印缅四国改善彼此间陆上交通条件，增进经贸合作交往，加强信息交流等具有重要意义。然而，从现实情况来看，印度东北地区对于孟中印缅次区域合作的重要地缘纽带作用并未有效发挥，反而该地区在次区域合作中处于一种较为尴尬的局面。

一方面，随着1987年东北地区政治重组的完成和1991年印度中央政府"东向"政策的出台，东北地区和平统一的历史大局已经奠定，已经由远离内地的动乱边疆变成了印度"向东看"的地理前沿，历史形成的边缘化的局面出现了松动，地区经济开发和社会开放的大幕缓慢拉开，东北地区理应成为孟中印缅次区域合作进一步拓展合作空间、提升合作水平的一个突破口。

自20世纪90年代以来，印度政府开发、开放东北地区的目标一直没有改变，并把促进基础设施建设、加快工业发展、加强资本流动、增强经济发展活力等作为开发东北地区的政策重点。2007年，印度政府颁布了现行开发、开放东北地区经济最为系统的政策文件——《东北地区工业和投资促进政策》（*North East Industrial and Investment Promotion Policy*），主要内容为：出台一系列扶持政策，刺激工业发展，对所有新企业和进行产业扩张的原有企业实行100%的消费税和所得税豁免政策，并对这些企业给予30%的资本补贴、3%的营运资本借贷利息补贴以及100%退还各类保险费用等优惠措施；对工业企业享受优惠措施的条件放宽了政策限制，将符合优惠政策的、从事大幅扩建的企业的条件下调为占固定资本投资总额的28%，同时将固定资本投资补贴上调至占企业资本总额的30%，最高补贴限额也相应地提高至1500万卢比；将服务业、生物科技产业以及电力产业等第三产业部门同时纳入文件范围，给予不同程度的帮扶，扩大对东北地区经济的开发范围；等等。[①] 以该政策文件为标志，印度政府对东北地区的以政策引导和资金援助为核心的"发展范式"（Development Paradigm）渐趋成熟。

在中央政府的引导下，东北地区诸邦目前均已出台了专门针对各自邦的配套工业政策，并且还结合自身条件颁布了一些特色经济开发项目，其中具有代表性的重要举措如阿萨姆邦的"茶叶种植公积金和养老金计划"（Assam Tea Plantation Provident Fund & Pension Fund Scheme）、那加兰邦的"NEPED 工程"[②]、特里普拉邦的"迁徙农业控制计划"（Shifting Cultivation Control Scheme）和"朱米尔改造计划"（Jhumia Rehabilitation Programmes）等。

为扶持东北地区的经济社会复兴，印度政府在该地区投入了大量资金援助。1996 年，高达在访问东北地区时宣布了总计 610 亿卢比的一揽子援助计划。此后，历届印度政府均坚持对东北地区经济开发的资金扶持原则，中央预算划给东北地区诸邦的资金，90% 为无偿援助，10% 为贷款，而对于其他邦无偿援助资金仅为30%，其余70% 均为贷款。[③] 据统计，从 1990 ~ 1991 年度至 2002 ~ 2003 年度期间东北地区共接受了高达 10850.4 亿卢比的经济援助。[④] 从中央政府援助资金在东北地区诸邦经济开发资金中所占比例来看，除锡金邦只有约40% 的资金来源于中央援助之外，其

---

① http：//databank. nedfi. com/content/north – east – industrial – and – investment – promotion – policy – 2007.

② 那加兰邦的"NEPED 工程"包括从 1995 年 2 月开始至 2002 年 3 月结束的"那加兰环境保护和经济发展工程"（Nagaland Environment Protection and Economic Development（NEPED）project），以及从 2001 年 4 月 1 日开始至今仍在继续的"那加兰通过经济发展赋予人民权利工程"（Nagaland Empowerment of People through Economic Development（NEPED）project）两个阶段。

③ Ajai Sahni and J. George，"Security & Development in India's Northeast：An Alternative Perspective"，*Faultlines*，Vol. 2，1999. http：//www. satp. org/satporgtp/publication/faultlines/volume4/Fault4 – JG&ASf1. htm.

④ "India's North-East Policy：Continuity And Change"，http：//manipuronline. com/research – papers/india% E2% 80% 99s – north – east – policy – continuity – and – change/2010/10/17.

余诸邦均超过了一半，其中阿萨姆邦约为 51%，梅加拉亚邦和特里普拉邦约为 70%，米佐拉姆邦约为 72%，那加兰邦和曼尼普尔邦约为 80%，"邦阿鲁纳恰尔"邦则高达 85%。[①]

为进一步加强东北地区与东南亚国家的联系，促进东北地区对外贸易的发展，印度政府自 20 世纪 90 年代以来出台了一系列双边或多边的基础设施国际合作项目，其中交通运输项目是主要合作内容，包括建设印缅友好公路、印缅泰三国高速公路、泛亚高速公路、印缅铁路联动项目、加拉丹多模式联运项目（Kaladan Multimodal Project）以及史迪威公路等，此外还有诸如印缅孟石油天然气管道工程以及塔曼提（Tamanthi）水利水电工程等其他合作项目。1994 年 1 月 31 日，印度和缅甸签署《印缅贸易协定》，开设印度曼尼普尔邦莫里（Moreh）－缅甸塔姆（Tamu）和印度米佐拉姆邦钱帕伊（Champhai）－缅甸利赫（Rih）等边贸通道促进两国双边贸易，其中莫里－塔姆边贸通道已于 1995 年 4 月 12 日正式开放使用。进入新世纪后，印度政府又加强了与孟加拉湾沿岸国家经济合作组织（BIMST－EC）、大湄公河次区域合作组织（GMS）以及恒河－湄公河经济合作组织（MGC）等区域经济组织的联系和合作，为进一步开放、开发东北地区创造有利的外部环境。

另一方面，东北地区经济较为落后、社会较为封闭、对孟中印缅次区域合作参与程度低的局面长期延续，并且印度政府对该地区的全面开放以及以该地区为地理前沿参与次区域合作一直心存顾虑、裹足不前。

印度自 20 世纪 90 年代推行"东向"政策后，经济增长的脚步明显加快，但东北地区在"东向"政策中获益并不明显。1993～1994 年度至1999～2000 年度，全印贫困率从 35.95% 下降至 25.87%，而同一时期东北地区的贫困率却从 21.29% 上升至 29.70%，居民收入分配的基尼系数也相应地从 0.2793 上升至 0.2962，整个地区的贫困状况不但没有改变，

[①] "North-East India In A New Asia", http：//manipuronline.com/look－east－policy/north－east－india－in－a－new－asia/2006/01/12.

反而有所加剧。① 根据印度中央统计局已公布的最新数据，2010～2011 年度，印度全国人均国内生产总值达到 54835 卢比，而东北地区诸邦除了锡金邦人均邦内生产净产值达到 81159 卢比以外，其余诸邦均低于全国水平：阿萨姆邦为 30413 卢比、曼尼普尔邦为 29684 卢比、梅加拉亚邦为 48383 卢比、米佐拉姆邦为 49982 卢比（2009～2010 年度数据）、那加兰邦为 45353 卢比（2008～2009 年度数据）、特里普拉邦为 38493 卢比、"阿鲁纳恰尔邦"为 51405 卢比。② 从人均收入方面来看，1990～1991 年度东北地区人均收入低于全国水平 20%，到了 2004～2005 年度差距进一步扩大到低于全国水平 31%。③

此外，新世纪以来印度与东盟的经贸合作日益加强，印度与东盟国家的对外贸易总额从 2004 年的 150 亿美元迅速上升至 2009 年的 400 亿美元，但由于印度与东盟的经贸合作主要走海上通道，东北地区东向地理前沿的地位十分尴尬。例如，近几年印度全国与缅甸的年均双边贸易总额还不到 1000 万卢比，与缅甸接壤的东北地区诸邦的对外开放水平就更加有限。④ 东北地区缺乏对外国资本的吸引力也受到印度国内大环境的影响。在印度，外国直接投资主要集中于基础设施、软件以及 IT 行业等资本密集型或技术密集型的产业，而简单的劳动密集型制造业、纺织业、食品加工业等完全不在投资范围之内。⑤

东北地区的经济增长之所以明显落后于印度的全国水平，原因主要还

① Amaresh Dubey, Orester J. Kharpuri, Eugene D. Thomas, "Poverty and Inequality among the North-Eastern States during 1980s and 1990s", in Amaresh Dubey, M. Satish Kumar, Nirankar Srivastav, and Eugene D. Thomas eds. , *Globalisation and North-East India* (New Delhi: Standard Publishers, 2007), pp. 374 – 379.

② http：//databank. nedfi. com/content/north – east – india.

③ *North Eastern Region Vision 2020*, Vol. 1, p. 8. http：//tripura. nic. in/portal/More ＿ Info/ document/central/NE%20Vision. pdf.

④ "India's Look East Policy：Prospects And Challenges For North-East India", http：// manipuronline. com/research – papers/india%e2%80%99s – look – east – policy – prospects – and – challenges – for – north – east – india/2010/09/12.

⑤ 参见沈开艳、权衡等：《经济发展方式比较研究：中国与印度经济发展比较》，上海社会科学院出版社，2008，第 492 页。

是该地区存在若干复杂、敏感或疑难的问题，致使印度政府难以下定决心对其进行全面的开发、开放。其中，东北地区的民族问题与安全局势下文将着重探讨，这里暂不展开。而就印度与周边国家之间的敏感问题或疑难问题而言，所谓的"阿鲁纳恰尔邦"和达旺问题是中印边界问题的症结所在；东北地区大量孟加拉非法移民的存在仍然困扰着印孟双边关系的进一步发展；分离组织和反政府武装相互勾结和跨境犯罪仍是印缅边境安全稳定的主要威胁。这些问题无疑在短时间内难以解决，因此对孟中印缅次区域合作的顺利开展形成了制约。

二　20 世纪 90 年代以来印度东北地区安全局势演变的两个侧面

20 世纪 90 年代以来，随着东北地区边缘化历史格局的松动以及印度政府对东北地区战略的转变，该地区的民族问题向着缓和、和解的方向发展，地区安全局势整体上趋向好转。但另一方面，东北地区阻碍族群之间进一步融合和团结的因素并未完全消除，而且还出现了一些新的增加族群摩擦和冲突的因素，其中"暴力陷阱"构成了东北地区经济发展和社会开放的主要威胁，使得东北地区的安全局势在总体转好的情况下也存在着局部恶化的现实。

（一）印度东北地区安全局势的总体好转

根据印度反恐网站 SATP 最新公布的数据，我们将 1992～2011 年东北地区诸邦恐怖暴力事件的死亡人数整理并统计为表 1 和表 2。

根据表 1 和表 2 的统计数据，我们可以得出以下结论：

第一，1992～2011 年，阿萨姆、曼尼普尔、梅加拉亚、米佐拉姆、那加兰和特里普拉 6 个邦共死亡 19663 人，平均每年约死亡 984人，每天约死亡 3 人，这说明恐怖暴力事件的发生率比较高，危害性比较大。

表1　1992～2011年印度东北地恐怖暴力事件死亡人数分类统计

单位：人

年份	死亡总人数	平民		安全部队成员		恐怖分子	
		死亡人数	占当年总数的百分比	死亡人数	占当年总数的百分比	死亡人数	占当年总数的百分比
1992	492	257	52.2	15	3.0	120	24.4
1993	910	550	60.4	186	20.4	174	19.1
1994	1055	682	64.6	181	17.2	192	18.2
1995	1068	618	57.9	196	18.4	254	23.8
1996	1226	706	57.6	235	19.2	285	23.2
1997	1674	830	49.6	288	17.2	556	45.4
1998	1424	863	60.6	187	13.1	374	26.3
1999	1207	574	47.6	203	16.8	430	35.6
2000	1662	939	56.5	148	8.9	575	34.6
2001	1329	626	47.1	132	9.9	571	43.0
2002	910	302	33.1	148	16.3	460	50.5
2003	1094	463	42.3	83	7.6	548	50.1
2004	823	342	41.6	110	13.4	371	45.1
2005	717	334	46.6	69	9.6	314	43.8
2006	637	232	36.4	92	14.4	313	49.1
2007	1015	455	44.8	65	6.4	495	48.8
2008	1049	404	38.5	40	3.8	605	57.7
2009	843	270	32.0	40	4.7	533	63.2
2010	322	77	23.9	22	6.8	223	69.3
2011	206	80	38.8	35	17.0	91	44.2
合计	19663	9604	48.8	2575	13.1	7484	38.1

注：上表统计数据仅包括本文主要论及的东北地区六个邦，即阿萨姆邦、曼尼普尔邦、梅加拉亚邦、米佐拉姆邦、那加兰邦和特里普拉邦，锡金和阿鲁纳恰尔的数据未予以统计。

资料来源：根据印度反恐网站SATP的最新统计数据整理。

　　第二，在这19663名死亡人口中，平民死亡人数最多，为9604人，占死亡总人数的48.8%，接近恐怖分子与安全部队的死亡人数的总和；恐怖分子死亡人数紧随其后，为7484人，占38.1%；安全部队成员死亡人数最少，为2575人，占13.1%。以上数字和比例的对比情况说明，一方面平民成了暴力恐怖事件的主要受害者，另一方面安全部队在打击行动和反恐行动中伤亡代价较小。

表2　1992～2011年印度东北诸邦恐怖暴力事件的死亡人数

单位：人

年份	阿萨姆	曼尼普尔	梅加拉亚	米佐拉姆	那加兰	特里普拉	合计
1992	133	165	0	0	96	98	492
1993	131	423	0	0	173	183	910
1994	271	350	4	0	192	238	1055
1995	270	321	7	0	213	257	1068
1996	451	275	7	0	304	189	1226
1997	537	495	4	4	360	274	1674
1998	783	244	20	0	112	265	1424
1999	503	231	22	0	148	303	1207
2000	758	246	36	7	101	514	1662
2001	606	256	40	12	103	312	1329
2002	445	190	64	0	36	175	910
2003	505	198	58	1	37	295	1094
2004	354	208	35	1	58	167	823
2005	242	331	29	2	40	73	717
2006	174	285	24	2	92	60	637
2007	437	408	18	8	108	36	1015
2008	373	485	13	5	145	28	1049
2009	392	416	5	1	18	11	843
2010	158	138	20	0	3	3	322
2011	95	65	29	1	15	1	206
合计	7618	5730	435	44	2354	3482	19663

资料来源：根据印度反恐网站SATP的最新统计数据整理。

　　第三，东北地区恐怖暴力事件死亡总人数在2000年以前和以后呈现截然相反的两种变化趋势。在2000年以前，死亡总人数总体上呈现在波动中上升的趋势，从1992年的492人上升至1999年的1207人，上升了145.3%，其间在1997年达到峰值，死亡1674人，比1992年的死亡人数上升了240.2%；而自2000年以来死亡总人数则在波动中下降，从2000年的1662人下降到2011年的206人，下降了87.6%，并且在个别年份有所反弹之后，次年下降幅度尤为明显。新世纪以来恐怖暴力事件死亡总人数的下降幅度远远大于20世纪90年代死亡总人数的上升幅度，这说明暴力事件下降、暴力死亡人数减少是东北地区恐怖暴力事件变化的主流，并且难以逆转，代表了东北地区和平、稳定形势在曲折中向前发展的整体趋势。

第四，从东北地区诸邦 20 年恐怖暴力事件死亡人数总和的对比情况来看，按从高到低依次是：阿萨姆邦死亡人数最多，为 7618 人，占诸邦死亡总人数的 38.7%；曼尼普尔邦死亡 5730 人，占 29.1%；特里普拉邦死亡 3482 人，占 17.7%；那加兰邦死亡 2354 人，占 12.0%；梅加拉亚邦死亡 435 人，占 2.2%；米佐拉姆邦死亡人数最少，为 44 人，仅占 0.2%；阿萨姆邦的死亡人数约为米佐拉姆邦的 173 倍。即便是考虑到 6 个邦地域面积的差别（例如死亡人数最多的阿萨姆邦在 6 个邦当中土地面积也最大），诸邦死亡人数的对比情况还是能在一定程度上表明邦内安全问题的明显差异。

第五，从东北地区恐怖暴力事件死亡人数各自的变化趋势来看，共性在于刚刚过去的 2011 年诸邦的死亡人数均比较少，受暴力事件影响较大的阿萨姆、曼尼普尔、那加兰和特里普拉四个邦这种状况特别明显。诸邦死亡人数变化的差异性则体现为三种不同的趋势：第一种情况比较普遍，发生在阿萨姆、梅加拉亚、那加兰和特里普拉四个邦，均以某个年份或某段时期为转折呈现前升后降的趋势。阿萨姆邦大体上以世纪交替为转折点前升后降，2000 年以前上升幅度显著，而在 2000 年以后，除了在 2007 ~ 2009 年间出现较大幅度反弹外，其余年份都在波动中下降，且反弹过后的死亡人数要低于反弹之前。梅加拉亚邦以 2002 年为转折点前升后降，且前后升降趋势都比较稳定，近两年有所反弹但未达到历史最高水平。那加兰邦的死亡人数在 20 世纪 90 年代中期以前呈现上升趋势，1997 年达到峰值之后转而在波动中一路下降，2002 ~ 2006 年期间和 2009 ~ 2011 年期间死亡人数均比较少，但 2007 年和 2008 年出现过小幅度的反弹。特里普拉邦的死亡人数变化趋势以 2000 年为转折点同样前升后降，2003 年以来持续下降且下降幅度很大。第二种趋势为米佐拉姆邦，死亡人数历来较少，且有 15 年的时间死亡人数均在 3 人以下，受恐怖暴力事件影响很小。第三种趋势发生在曼尼普尔邦，20 年间死亡人数起伏不定，除 1998～2004 年间死亡人数较少以外，其余年份死亡人数均比较多；若只论新世纪死亡人数的话，曼尼普尔邦的恐怖暴力事件自 2002 年开始更是活跃期和上升期，死亡人数的上升幅度较大，仅近两年暴力事件和死亡人数才出现下降和回落。

从上述分析来看，20 世纪 90 年代以来，东北地区的安全局势总体上已经趋向好转，恐怖暴力事件低落、下降，死亡人数削减，平民受到暴力冲突的影响也逐步减弱。究其原因，主要有如下三点。

其一，印度政府打击东北地区分离与反叛的决心依然坚定。例如，为了打击阿萨姆联合解放阵线等组织的嚣张气焰，印度政府在 20 世纪 90 年代初派遣安全部队发动“神猴行动”（Operation Bajrang）和“犀牛行动”（Operation Rhino），迫使阿萨姆联合解放阵线回到谈判桌。1995 年，印度与缅甸合作发起“金鸟行动”（Operation Golden Bird），共同打击跨界犯罪。2004 年 3 月，印度政府又与孟加拉国签订针对跨境犯罪活动的引渡条约，同年 9 月两国的内政部秘书就合作打击跨境恐怖活动达成共识，双方决定在打击跨国犯罪方面深化合作。2000 年以后，中央预备警察部队与安全部队、阿萨姆邦警察部队组成特别行动小组，建立联合指挥部，协同反恐。在政府军事打击的强大压力下，2010～2011 年度阿萨姆邦被逮捕的武装分子共计 828 人（2010 年 425 人，2011 年 403 人）。2010 年阿萨姆邦共有 452 名地下武装分子向政府投诚。2011 年（至 11 月 18 日）投降人数更多，共计 644 名。①

其二，东北地区群众对分离组织和反政府武装支持热情的明显消退。经历了印度独立至 20 世纪 80 年代末期的持久动荡生活之后，东北地区的普通民众向往和平、安定的生活模式，同时对分离组织和反政府武装的暴力活动进行谴责。例如，1999 年 7 月印度和巴基斯坦由于克什

---

① "Assam Assessment 2012", SATP, http：//www. satp. org/satporgtp/countries/india/states/assam/index. html.

米尔争端爆发卡吉尔冲突期间，阿萨姆联合解放阵线公开宣布支持巴基斯坦进攻卡吉尔的军事行动，策划实施了新杰尔拜古里（New Jalpaiguri）火车站的爆炸案，同时还号召印度陆军中的阿萨姆籍士兵叛逃巴基斯坦。卡吉尔冲突结束后，当死亡的阿萨姆籍士兵的尸体被运回他们出生的村庄时，当地村民普遍谴责阿萨姆联合解放阵线的"不负责任"。1999 年 10 月，阿萨姆邦举行第十三次人民院大选，阿萨姆联合解放阵线号召群众抵制，并发动一系列恐怖暴力活动进行破坏，但选举投票率还是到达了 55%，超过了印度全国平均水平。在这次选举中，阿萨姆联合解放阵线曾提出若参选政党接受其独立建国的诉求则可以给予这些政党支持，但却遭到了所有参选政党的一致反对。阿萨姆邦文学委员会〔Asom Sahitya Sabha（Literary Council）〕主席萨伊吉亚（Chandra Prasad Saikia）指出："当支持巴基斯坦时，阿萨姆联合解放阵线在一些阿萨姆人中得到的无论多少的同情都大大减少。即便生活在阿萨姆邦最遥远的地方，没有阿萨姆人会帮助巴基斯坦和支持阿萨姆联合解放阵线对巴基斯坦的帮助。"[1]

其三，分离组织和反政府武装生存空间的丧失与斗争目标的转变。在印度政府打击分离与反叛决心不变以及群众支持热情大为减退的情况下，东北地区分离组织和反政府武装的势力显著削弱，生存空间日益丧失，斗争目标大多由原先建立本族独立国家而转变为建立本族自治邦或自治区，或者斗争的焦点集中于经济利益的争夺，实际上均在一定程度上放弃或淡化了分离倾向。

这个方面那加人的例子比较具有代表性。那加人是印度东北地区最早爆发分离主义运动的族群之一，早在印度独立当天就宣布单独建国，那加人问题延续至今长达 60 余年，是印度"东北难题"的核心和症结之一。20 世纪 90 年代，那加兰民族社会主义议会 IM 派（National Socialist

---

① Assam Assessment 2000, SATP, http：//www.satp.org/satporgtp/countries/india/states/assam/assessment2000.htm.

Council of Nagaland-Isak-Muivah，NSCN – IM）在继承那加极端分离者单独建国目标的基础上明确提出"大那加兰"（Nagalim）的领土要求，谋求建立一个北接中国，西毗印度阿萨姆邦，南临印度的曼尼普尔谷地、米佐拉姆邦以及缅甸的钦山，东部以钦敦江及其在缅甸境内的支流乌玉河（Uyu River）为界，总面积约 12 万平方公里的那加独立国。① 围绕上述"大那加兰"的领土要求，那加极端分离者对于要建立一个什么样的那加人单一民族国家和怎样建立这个那加人单一民族国家等问题形成了一套较为系统的政治诉求和理论主张，并且这套诉求和主张在他们的宣言、声明、备忘录、与政府签订的协议以及头目的讲话等文本性材料中均有所反映，可称之为"大那加兰主义"。然而，"大那加兰主义"作为一种极端民族主义，具有空想性的特征，难以变为现实。"大那加兰主义"提出后，东北地区非那加部族强烈抵制，一致认为其对非那加人的族群利益和相关各邦的领土完整构成了威胁，坚决不允许政府通过诸如调整邦界等办法向那加人妥协。而对于印度政府来说，如果接受"大那加兰主义"，那么便意味着要在国家主权和领土完整的问题上向那加人作出退让，这显然也超出了政府在宪法框架内解决那加人问题的底线。因此那加分离者的斗争目标在表面上虽然还是以建立所谓"大那加兰国"为旗号，但在现实当中不得不作出改变。自 1998 年起，印度瓦杰帕伊政府与那加兰民族社会主义议会 IM 派先后在泰国、澳大利亚、荷兰、马来西亚、日本、意大利、法国、瑞士等地进行了多轮会谈。在谈判期间，IM 派提出了建立"大那加兰邦"（Great Nagaland State）的要求，具体办法

---

① 具体而言，所谓的"大那加兰"位于东经 93°～97°、北纬 23.5°～28.3°，其西部和中部在印度境内，包括那加兰邦全境，曼尼普尔邦的塔门隆、塞纳帕蒂、乌克鲁尔和昌德尔四个县的全部，阿萨姆邦的卡尔比－昂龙（Karbi Anglong）地区和北卡查尔山区的全部以及戈拉加特 Golaghat）、锡布萨加尔、迪布鲁加尔、丁苏吉亚（Tinsukia）和觉哈特（Jorhat）五个县的部分领土，"阿鲁纳恰尔邦"迪邦谷地（Dibang Valley）的全部以及洛伊特（Lohit）、提拉普和昌朗三个县的部分领土。大那加兰的东部在缅甸境内，包括克钦邦和实皆省两地的部分领土。参见"Nagalim-Great Nagaland"，SATP，http：//www. satp. org/satporgtp/countries/india/states/nagaland/backgrounder/Nagalim. htm。

是将阿萨姆、曼尼普尔和阿鲁纳恰尔等的那加人居住地合并到现有的那加兰邦当中。① 对于重划邦界的要求，印度政府表现审慎，但相关各邦反应强烈，阿萨姆邦、阿鲁纳恰尔邦和曼尼普尔邦的邦议会一致决定，反对各自境内的那加人居住地与相邻的那加兰邦合并。2004 年之后，由于建立大那加兰邦也不可行，那加兰民族社会主义议会 IM 派又转而谋求建立与印度的特殊联邦关系，具体办法是那加人拥有自己的国旗，颁行自己的宪法，获得联合国的单独代表资格，而外交和防卫的权力则由印度中央掌握。②

（二）印度东北地区安全局势的局部恶化

当前，东北地区安全局势的主要威胁来自于分离组织反政府武装的派系冲突以及黑社会性质和恐怖主义性质的活动。部落之间的矛盾和领导权的争夺是这些组织或武装发生内讧和分裂的主要原因，而维持生存和组织机构的运转则是它们从事黑社会活动的主要动力。东北地区的安全局势局部恶化的现实同样不容忽视。印度官方也强调，"考虑到该地区一些反叛组织与外国的联系，对这一地区的（反政府）武装问题保持警觉并做好处置的准备仍是必要的。"③

自 2000 年以来，印度反恐网站 SATP 每年对那加兰邦的评估报告均强调，那加人各武装派系之间的冲突，即所谓的"同族相残事件"（fratricidal incidents），是那加兰邦安全的主要威胁。在刚刚过去的 2011 年，那加兰邦境内共发生 3 起那加地下武装之间的激烈交火，在那加兰民族社会主义议会 IM 派和 K 派发生的冲突中 K 派提拉普（Tirap）县的"旅长"奇普·梅农（Chipu Menon）在蒙县遭遇枪击身亡。当然，两派

---

① "Nagalim Position Paper", http://www.nagalimvoice.com/ArticlesInterviews.aspx? ItemId = 1&ContentType = Article.

② Barun Das Gupta, "No solution for Nagas within Constitution", *The Hindu*, July 05, 2001. http://www.hinduonnet.com/2001/07/05/stories/14052173.htm.

③ Military of Defence, Government of India, *Annual Report 2011 - 12*, http://mod.nic.in/reports/AR-eng-2012.pdf, p. 8.

的冲突也不仅限于那加兰邦。2011 年 2 月底，那加兰民族社会主义议会 IM 派 100 人的武装小队意图通过 K 派势力范围"阿鲁纳恰尔邦"的提拉普县进入缅甸实皆省时遭遇 K 派武装分子伏击，双方爆发激烈交火，导致超过 35 人丧生。6 月 13 日，IM 派为报复 K 派，又发动对提拉普县果丁（Kothin）地区的进攻。[①]

在阿萨姆邦，阿萨姆联合解放阵线黑社会活动和恐怖活动主要指向茶园主、商人和平民，而且近年来该阵线还策划了多起大城市繁华地带的恐怖暴力活动。例如，2008 年 10 月 30 日一天发生在阿萨姆首府迪斯普尔和邻近高哈蒂、科克拉贾尔、巴尔塔和邦盖岗的九起连环爆炸案就是由该阵线策划并实施的，犯案地点大多选在人潮拥挤的市场，共造成 87 人死亡，200 人受伤，影响极其恶劣。此外，外来移民和原住居民之间的矛盾在阿萨姆邦由来已久，双方摩擦一旦升级为彼此武装组织的暴力对抗，那么无论是恐怖分子还是平民均会出现大量伤亡。2008 年 10 月 3 日，乌代尔古里、达朗和巴斯卡三个县的波多人与穆斯林移民之间爆发大规模冲突，双方武装组织大打出手，导致 50 余人丧生，15000 多人因家园被毁而进入救济营。[②]

在曼尼普尔邦，反政府武装策划的具有恐怖主义性质的爆炸案多发，如 2011 年共发生 33 起爆炸案，导致 7 人死亡，49 人受伤。除了爆炸案，曼邦梅泰人等族群与那加人的矛盾也导致派系冲突频发，且冲突的形式还不仅限于交火。近年来，萨达尔山区县发展委员会提出建立单独的萨达尔山区县的要求，但遭到那加人的强烈反对。为表示对那加人的强硬立场，萨达尔山区县发展委员会于 2011 年 8 月 1 日对 39 号国道和 53 号国道进行经济封锁，导致这两条国道在长达 92 天的时间里处于瘫痪局面，直至 10 月 31 日印度政府与该委员会签订谅解备忘录之后才恢复畅通。对此，

---

① "Nagaland Assessment-Year 2012", SATP, http：//www. satp. org/satporgtp/countries/india/states/Nagaland/index. html.

② "Assam Assessment 2009", http：//www. satp. org/satporgtp/countries/india/states/assam/assessment2009. htm.

那加人毫不示弱。8 月 21 日，联合那加议会（United Naga Council，UNC）同样在 39 号国道、53 号国道和 150 号国道上设置经济封锁，阻断曼尼普尔邦通往那加兰邦科希马和米佐拉姆邦艾藻尔的交通，要求将那加人的土地排除在所谓的萨达尔山区县之外，直至 11 月 29 日印度内政部向那加人作出保证，承诺政府不会在那加人不同意的情况下建立单独的萨达尔山区县，上述国道才恢复通车。①

特里普拉邦是另一个受反政府武装黑社会性质或恐怖主义性质活动影响较大的邦，且平民因恐怖暴力事件而死亡的人数居高不下，1992～2011 年间，特里普拉邦死亡总人数共计 3482 人，其中平民死亡总人数为 2509 人，占 72.1%。② 2003 年 2 月，特里普拉邦举行邦立法大会选举，特里普拉本地民族党（Indigenous Nationalist Party of Tripura，INPT）为了迫使选民支持自己及其选举联盟，专门组织了多起针对竞选对手的恐怖暴力活动，导致该邦首府阿加尔塔拉等选举重镇的暴力事件高发，平民深受其害。选举结果出来后，特里普拉本地民族党及其联盟只获得了 19 个议席，该组织的武装分子极其失望，继而又掀起暴力报复行动。据印度反恐网站 SATP 的调查，当年丧生的 207 名平民当中大多数都是受到与选举政治相关的恐怖暴力活动的无辜牵连。③ 一份 2011 年 10 月 21 日的报告援引警方数据表明，2009 年、2010 年和 2011 年特里普拉邦分别有 121 人、114 人和 74 人遭到特里普拉民族解放阵线（National Liberation Front of Tripura，NLFT）和全特里普拉猛虎部队（All Tripura Tiger Force，ATTF）的绑架，这些遭到绑架的人大部分均为特里普拉的部落民。此外，特里普拉邦政府也比较担心该邦反政府武装在孟加拉国的动向。2011 年 9 月 25 日，该邦警察总监萨利姆·阿里则认为，特里普拉反政府武装设在孟加拉国的营地

---

① 参见 "Manipur Assessment-Year 2012"，SATP，http：//www.satp.org/satporgtp/countries/india/states/manipur/index.html。
② http：//www.satp.org/satporgtp/countries/india/states/tripura/data_sheets/insurgency_related_killings.htm。
③ "Tripura Assessment 2006"，http：//satp.org/satporgtp/countries/india/states/tripura/assessment_2006.htm。

约有 20 个，一些反政府武装的头目已经获得了孟加拉国的定量供应卡，并与家人在孟加拉国安了家。①

三　印度东北地区安全局势对孟中印缅次区域合作的影响

自 20 世纪 90 年代以来，印度东北地区的安全局势呈现总体好转和局部恶化两个侧面的不同特征，因此该地区安全局势对孟中印缅次区域合作的影响既有有利的方面，也有不利的方面。

（一）东北地区安全局势总体好转对孟中印缅次区域合作的有利影响

第一，有助于印度政府实现东北地区民族和解的政治目标，提高对边疆族群冲突的治理和管理能力，加强印度通过孟中印缅次区域合作开发东北地区的信心，同时消除印度通过开放东北地区参与孟中印缅次区域合作的疑虑，从而在整体上为孟中印缅次区域合作构筑安全稳定与相互信任的战略环境基础。

第二，有利于使得东北地区真正成为印度实施"东向"政策的地理前沿，从而进一步打开次区域的西向通道，实现孟中印缅四国的互通互联。对于云南来说，这无疑有助于构建面向南亚、东南亚开放的国际大通道战略的实施，实现云南"桥头堡"战略与印度"东向"政策在地理上的对接。特别是在中国云南铁路"四出境"的框架下，经云南保山、腾冲出境通往缅甸密支那、孟加拉国、印度雷多的泛亚铁路北线能够成功架设的关键就在于印度东北地区的安全局势稳定。从本文分析来看，东北地区安全局势总体好转使得中国与南亚铁路网全部贯通的目标实现的可能性

---

① "Tripura Assessment-Year 2012", SATP, http：//www. satp. org/satporgtp/countries/india/states/tripura/index. html.

明显增强。

第三，有利于弱化孟中印缅四国边境地区之间安全环境与社会局势的差异，降低印度东北地区在经济开发方面的风险系数，增强中、缅、孟与印度东北地区进行经贸合作的信心，方便孟中印缅四国从区域化的角度考虑和规划资源的合理配置和开发利用，拓宽孟中印缅次区域合作的领域和空间，在安全与开放的区域环境中共同致力于加快边远后进地区摆脱贫困、促进社会进步的发展事业。

（二）东北地区安全局势局部恶化对孟中印缅次区域合作的不利影响

第一，贫困和叛乱究竟谁是因谁是果，就如同鸡生蛋和蛋生鸡的问题。然而，我们可以有把握地说，只要族群之间的矛盾冲突得不到有效控制，那么东北地区的开发开放就比较有限，孟中印缅次区域合作的开展就会受到制约。因此，东北地区安全局势局部恶化的状况最终拖延了东北地区摆脱贫困、走向繁荣发展的步伐，制约了东北地区经济开发和社会开放的深度和广度，限制了东北地区对外合作与交流的能力，最终使得印度参与次区域合作的热情和水平相对较低。

第二，印度"东向"政策的有海、陆两条途径，本应是"花开两朵"，但实际上只开了一朵，海上推进成效明显，而陆上推进则裹足不前。制约印度陆上东进的主要因素说到底还是东北地区复杂的安全局势给印度与周边国家的关系增加了不信任感，印度政府历来担心外部因素对东北地区的安全造成威胁，以中印关系为例，2003 年 12 月 29 日，印度国内各大报刊都在头版显著位置刊登这样一条消息——"阿萨姆联合解放阵线"主席阿拉宾达·拉吉柯瓦给中国国家领导人写了一封神秘的"求援信"，恳请中国政府和人民"给予安全通道"，允许正在被不丹皇家军队围剿的阿萨姆武装分子进入中国国土，并给予他们"生存所需的最基本待遇"。消息一出，印度各界一片哗然，纷纷猜测中国的态度，有的网民甚至认为"既然印度曾庇护过西藏分裂分子，中国也不会放弃这个报复的机会"。此后，经印度记者多方查证所谓印度东北地区分离分子潜逃中国的消息并非事实。中国政府也向印方通报没有收到所谓的"求援信"，并且表明中方不会允许印度叛军入境。① 然而，事件的发生却表明，东北地区复杂的安全局势令印度与邻国之间互信的构建面临困难。在这种情况下，印度政府实现东北地区全面经济开发和社会开放的决心和信心大打折扣，"东向"政策在实施过程中也缺乏一个坚实有力的路上桥梁，这就不利于孟中印缅四国经济社会发展战略的对接，也不利于区域化经济合作在地理上的顺利拓展。

第三，加大了孟中印缅次区域合作在不同地理单元之间在经济发展水平和人文社会环境方面的差异性，特别是印度东北地区与中国云南之间的差距尤其明显，这种局面不利于平衡孟中印缅四国参与次区域合作诸地区的利益得失，对参与各方最终实现互利共赢制造了困难。印度有关学者和媒体曾把东北地区与我国云南进行了对比，高度赞扬云南省以经济发展带动各族人民生活水平改善和促进边疆多民族地区和谐繁荣的"云南模式"，批评印度政府在东北地区裹足不前，认为印度政府是《昆明倡议》最不积极的参与者。印度大报《印度教徒报》2005 年 6 月 18 日的文章《云南期待加强与印度的联系》特别指出："印度对《昆明倡议》行动迟缓，不仅仅是出于对东北地区安全的考虑，还担忧该地区将会成为中国商品的倾销市场。但是，对待这个问题的最好办法不是在中国谈论《昆明倡议》之时，将东北地区罩上玻璃框，而是面对挑战，更加关注东北地区的发展，以使它能够真正作为印度与云南及该地区的其他国家之间的双向经济合作的跳板。"②

最后，由于 20 世纪 90 年代以来，分离组织和地下武装具有了黑社会化和恐怖主义化的倾向，东北地区社会不安定因素凸显，屠杀、绑架、勒

---

① 《印媒称印反政府武装向中国求援，请求入境避难》，凤凰网，http：//news. ifeng. com/mil/1/detail_ 2011_ 12/04/11090856_ 0. shtml。

② Nirupama Subramanian，"Yunnan looks to enhance ties with India," *The Hindu*，Jun 18，2005，http：//www. hindu. com/2005/06/18/stories/2005061803611100. htm。

索、爆炸等犯罪问题增加，跨境走私枪支弹药和毒品等非法活动时有发生，整个地区实际上笼罩在一种不安全的阴影之下。这样一来，孟中印缅次区域经济合作在印度东北地区的风险加大，特别是东北地区日益浮现的"暴力陷阱"更为区域经济合作增添了不稳定性和不可预测性，不利于孟中缅三国企业的工程外包、联合开发、境外投资、技术咨询等合作项目向印度方向扩展。

会 议 综 述

"中国印度洋战略"
圆桌专题研讨会综述

朱翠萍[*]◎

　　2012 年 6 月 26 日，云南财经大学印度洋地区研究中心（RIIO）举办的"中国印度洋战略"专题圆桌研讨会在云南财经大学博远楼会议厅举行。来自中国社会科学院、上海社会科学院、中国国际问题研究所、云南大学、云南社会科学院等机构的省内外著名专家学者参加了研讨会。云南财经大学党委书记、印度洋地区研究中心主任汪戎教授在开幕式上致欢迎词，并对中心成立近一年来的科研成果、研究方向和未来发展目标等向与会专家作了详细的介绍。开幕式后，会议围绕"中国印度洋战略"专题展开细致而深入的讨论。形成的观点和分歧主要集中在以下两个方面：第一，印度洋战略中的中印关系问题；第二，中国如何实施印度洋战略。

一　印度洋战略的中印关系

　　中国社会科学杂志社林跃勤教授认为，2005 年巴基斯坦总统访问中国和江泽民主席访问斯里兰卡被认为是中国印度洋战略开启的征兆。七年来国际格局发生了重大变化，中国的海洋安全形势出现了很多变数。在这样形势下重新研讨中国的印度洋战略问题，比以往任何时候都更为及时、更为恰当。中国要进入印度洋，保持在印度洋的权益和在印度洋海域的安全，离不开和环印度洋国家打交道。但印度是核心国家，中国处理好与印度的关系，加强与印度合作才能保障印度洋战略的实施。

---

　　* 朱翠萍，云南财经大学印度洋地区研究中心副教授、博士。

北京航空航天大学张文木教授从世界地缘政治体系及印度在其中的特殊位置角度，分析了印度发展面临的安全风险以及印度与中国海上安全合作的战略互补意义，并提出在战略研究中，要重经验、重结构，而非重逻辑。中国的战略不能"只要把自己的事搞好"就行了，还要有全球眼光。稀缺资源应该是战略研究的逻辑起点，国家利益应该是战略研究的目标。特别是，文木教授从经济结构、文化结构和军事战略等方面对中印进行了详细的对比分析，分析了印度在印度洋上所面临的安全困境。他认为，对于我们二十一世纪的印度洋发展战略来说，最重要的是行为制约，重在消化。既然重在消化，我们就要了解我们的对象，以及我们的"皮筋儿"能弹的尺度有多大，怎么样才能让"皮筋儿"往前拉，这是首要考虑的。对比中国和印度，我们发现印度在核试验完成之后，基本上北方的国防作为守势就差不多了，逐渐开始南调。但在南调的同时，也在喊"中国威胁论"。可以说是明修栈道，暗度陈仓。明修栈道表面是指向中国威胁，但实际上却在印度洋上喊中国威胁，这点很奇怪。印度洋真正的威胁在哪儿呢？从全球的军力配置图分析，对印度来说，它的威胁就在美国的印度洋基地、东南亚基地、关岛基地。印度宣扬中国威胁论，明显是项庄舞剑，意在沛公。

印度洋地区研究中心汪戎教授认为，我们研究战略是为了获得更多的朋友。研究中印关系和印度洋战略时，一定要在增强政治互信和增进文化理解上多作文章，因为中印之间太缺乏了解。如果两国能够从政治互信和文化交流上达成一定共识，从长远共同考虑一个大的战略来促进中印两国共同发展，共同创造一个新的世纪，应该是印度洋战略的主要方向。同时，在印度洋问题上，我们要关注印度，也必须超越印度。因为，研究印度洋不仅仅是海洋问题，还要围绕着印度洋的周边国家。

云南大学国际关系学院赵伯乐教授认同中国在考虑印度洋战略的时候，一个关键问题就是必须考虑印度的存在。但是，他认为印度所提出的"中国威胁论"不是子虚乌有的，而是实实在在感受到了来自中国的威胁。这种威胁不仅仅是来自眼前的，更是来自未来的威胁。只是印度把中国威胁夸大了，而且印度所鼓噪的"中国威胁"是有其目的的。印度所感觉和理解的中国威胁实际上包括"现实性中国威胁"和"潜在性中国威胁"，准确了解印度的思考，对于我们采取相应措施消除误解和加强合作意义重大。而对此问题，黄仁伟教授的看法是，中国不要把印度的威胁太当成威胁，如果我们把印度的威胁当成威胁，它也会把我们当成威胁，当然我们保护藏南地区是需要的。但是我们如果在战略上、在国际舆论上把印度作为一个主要的对手，甚至等同于日本，这样反而促使它真成了美国的盟友。印度不是美国的盟友，你把它当成美国的盟友，它就是美国的盟友。就像美国人说，你把中国当敌人，它就是敌人。所以如果这样来判断印度，重新给印度一个实事求是的战略定位是很有必要的。

中国改革开放论坛战略研究中心副主任马加力教授以印度的印度洋战略作为切入点，分析了中国在印度洋的对策。他讲道，2007年5月，印度提出了印度海洋军事战略。在这个海洋军事战略中，它对利益的表现是非常清楚的，划了几个利益区。第一个是首要利益区（primary area），包括阿拉伯海、孟加拉湾，这些区域覆盖了印度的大部分专属经济区域、岛屿等领土。第二个就是进入印度洋的咽喉要道，主要有5条咽喉要道。第三个就是相关的岛国，实际上就是类似斯里兰卡这样的国家。第四个是波斯湾，印度石油进口的主要来源。马加力教授从多维视角分析了印度的安全困境，指出印度面临恐怖主义威胁、来自北部的威胁、自身内部的威胁以及极端宗教势力的威胁。从印度面临的安全困境来看，中印两国未来应该是合作大于竞争。但面临如何合作和怎样合作的问题，这是促进中印发展的关键因素，也是中国实施印度洋战略的关键所在。关于通道建设问题的构想中，比较现实的是云南到南亚的通道建设，而关键点又在如何解决印度担心的问题。

云南大学历史系教授吕昭义教授补充道，印度人感受到来自中国的威胁，除了上述现实威胁和潜在威胁外，还有一个重要的威胁是来自历史方面的，也就是历史性威胁。如何化解这些威胁，除了与印度建立战略互信外，还有赖于我们国内本身的政治体制改革。云南财经大学周文教授同样认为，事实上未来的世界格局应该是中美印三足鼎立，中国和印度之间实际上是一荣俱荣，一损俱损，所以合作是主旋律，也是未来的趋势。

二　中国实施印度洋战略的突破口

关于中国的印度洋战略，首先汪戎教授认为，中国的印度洋战略应该是着眼于未来的。未来中印两个迅速崛起的国家之间产生竞争是不足为奇的。而且这两个国家之间的竞争必然会引起世界大国的关注，因为无论是市场、资源还是经济增长，都会影响大国格局的调整，也势必造成欧洲国家、日本、美国这些大国的市场和贸易格局以及资源格局发生显著的变化，包括石油资源、能源资源、矿产资源的格局也会发生很大的变化。所以从这个意义上讲，中印两个大国的崛起对现有大国来讲又形成了一种共同的威胁，既有市场威胁又有资源威胁，可能还有其他威胁。在这个时候，资源市场、世界市场的格局肯定被打破并重新考虑。所以中印两个大国为了实现亚洲世纪，如何在竞争中寻求共同的利益，这一点是必须要考虑的。如果中印两国能够在政治互信和文化交流方面达成一定的合作，肯定能解决现实中的许多问题。云南大学发展研究院院长杨先明教授认为，实施印度洋战略首先是把周边关系搞好；其次是注重地缘经济和地缘政治的均衡发展；再次是利益分割和利益清晰化至关重要，提倡共同增长，在共同增长中促进合作。

关于中国如何实施印度洋战略，上海社会科学院副院长黄仁伟教授从战略高度深入而细致地分析了中国印度洋战略应该分段实施。第一阶段是实现从昆明到孟加拉湾、从新疆喀什到阿拉伯海和从南海经过马六甲海峡到达印度洋的通道连接。关键是经营好中国和缅甸的关系，同时把印度纳入我们陆上基础设施网络，实现这一目标的成败还取决于昆明的枢纽地位。如果我们通过加强陆地基础设施建设，形成区位优势，通过陆权优势改变海权劣势，利用地缘经济改变地缘政治，则可以弥补我国进入印度洋的海上劣势。

中国国际问题研究所研究员刘学成分析了中国南下印度洋战略通道构建中面临的挑战以及破解困局的对策。冷战结束以来，中国构建南下印度洋战略通道主要集中在三个方向，即经南海过马六甲海峡，经新疆过境巴基斯坦以及经云南过境缅甸。三条道路进入印度洋都面临一定的挑战，包括环孟加拉湾经济合作组织在体制上围堵中国进入，美国在印度洋东岸沿线强化军事存在等。为应对挑战中国必须建立一支强大的远洋海军、除了积极深化与印度的对话与合作外，要主动经营中巴、中缅、中孟、中斯关系，并使用一切资源全力确保缅甸通道。

中国社会科学院亚太与全球战略研究院《南亚研究》副主编叶海林教授认为，如果我们把印度的印度洋存在和美国的印度洋存在都当做我们维系海上安全的一个挑战来看待，结果就是我们要对抗。如果我们认为印度的印度洋崛起有助于平衡美国在印度洋的军事霸权，这对我们是个好事，我们应该支持，也就意味着我们要积极争取印度、团结印度。这两个思路实际上可能推出的政策导向是完全不一样的。同时，关于海洋战略我们需要考虑三个问题：中国在战略层面如何看待海洋问题？中国有什么能力利用海洋？如何保护海洋？我们知道在印度和印度洋的其他国家，特别是南亚次大陆其他国家，对中国的诉求是完全不一样的，如果符合印度的期待通常就不会符合孟加拉国和巴基斯坦的期待，中国有一个选择的问题。要以陆治海，以陆连海，还是要分段实施，就像丝绸之路一样。

印度洋地区研究中心朱翠萍博士认为，中国不是印度洋国家，中国经营印度洋的最终目标是使印度洋成为"和谐之洋"、"合作之洋"。我们不会以争斗方式谋求发展，而是以合作方式进入印度洋。如何合作？首先，基本着眼点是加强与环印度洋沿岸国家的经贸关系。中国要进入印度洋，保持在印度洋能源和贸易通道安全，离不开与印度洋沿岸国家打交道。其次，应该充分考虑在印度洋提供公共品的现实性和可能性，这也是中国维护海洋安全必须付出的代价。中国是印度洋自由通航的受益者，也应该成为印度洋海洋安全的维护者，而目前中国在这方面的安全承诺与实际行动明显不足。中国作为区域大国的必要"代价"就是要成为区域秩序、安全、制度等公共品的提供者，并与印度洋沿岸国家一起在拥有共同利益和共同威胁的领域加强合作，在共享利益和共担风险中实现共赢，努力营造一个"和谐印度洋"。再次，印度是环印度洋地区国家的核心，中国处理好与印度的关系是制定与实施印度洋战略的突破口。除了通过提升贸易依存度和增加相互投资加强两国合作外，中国还要努力寻找与印度在印度洋上的共同利益和利益分歧点，放大共同利益，缩小相互之间的分歧，加强两国之间的政治互信和文化交流，从长远共同考虑一个大的战略来促进中印两国共同发展，这也是中国的印度洋战略要努力的主要方向。

《世界经济与政治》研究所黄薇副研究员认为，我们应该以全球性视角考虑印度问题、印度洋问题，而且要分别考虑区域战略和国际战略的搭配。印度国内的"中国威胁论"实际上是很难消除的，我们没有必要过度强调这个问题，但有时候我们以防为主的战略选择可能会带来一些被动的地方。在现阶段思考战略时，究竟是选择以攻为守还是以守为攻呢？两个战略如何去平衡都需要深入的思考。

云南社会科学院南亚研究所胡娟博士认为，在大国博弈中，为什么中印不能作为两个先进的发展中国家站在同一个队伍里对抗美国这种霸权国家呢？凡是研究印度问题的人，都说和印度合作，因为和印度合作符合我们的国家利益。但现在的局面是很多方面印度不愿意跟我们合作。根源在于中印之间根本没有真正的战略互信。在没有战略互信的状态下，国家之间能够合作到什么程度？这是不容乐观的。

印度洋地区研究中心王宏军副教授分析了印度洋的外资法，强调中国的国民、企业到印度投资，首先要充分了解我们的合作对象，了解印度在经济领域的需求是什么，以最大限度地减小投资的交易成本和沉淀成本。

三　结语

印度洋是美国未来战略转移的重心，是印度追求地区大国所要控制的范围，是中国海上石油运输和贸易的必经之路，因而具有重要的战略意义。中国缺乏印度洋维权与开发战略，未来将危及海洋权益和安全。中国以东南亚为基点，向西拓展至南亚、中东和非洲的印度洋地区发展战略，是为了深化与周边国家在政治、经济、文化和安全等领域的双边和多边合作，确保海上运输通道畅通和陆海空间扩展，最大限度地维护经济利益和保障海洋权益与安全。

图书在版编目（CIP）数据

印度洋地区研究.2012.3/汪戎，万广华主编.—北京：社会科学
文献出版社，2012.10
　ISBN 978 - 7 - 5097 - 3886 - 3

　Ⅰ.①印…　Ⅱ.①汪…②万…　Ⅲ.①亚洲 - 研究 ②非洲 - 研究
Ⅳ.①D73 ②D74

　中国版本图书馆 CIP 数据核字（2012）第 253017 号

印度洋地区研究（2012/3）

主　　编/汪　戎　万广华
执行主编/朱翠萍

出　版　人/谢寿光
出　版　者/社会科学文献出版社
地　　　址/北京市西城区北三环中路甲 29 号院 3 号楼华龙大厦
邮政编码/100029

责任部门/财经与管理图书事业部 （010）59367226　　责任编辑/蔡莎莎
电子信箱/caijingbu@ ssap. cn　　　　　　　　　　　　责任校对/王小雪
项目统筹/恽　薇　蔡莎莎　　　　　　　　　　　　　　责任印制/岳　阳
经　　　销/社会科学文献出版社市场营销中心 （010）59367081　59367089
读者服务/读者服务中心 （010）59367028

印　　装/北京季蜂印刷有限公司
开　　本/787mm×1092mm　1/16　　　　　　　　　印　张/10.25
版　　次/2012 年 10 月第 1 版　　　　　　　　　　字　数/185 千字
印　　次/2012 年 10 月第 1 次印刷
书　　号/ISBN 978 - 7 - 5097 - 3886 - 3
定　　价/39.00 元